結婚沒有保證書

甜蜜沒有保存期限，讓夫妻愛情不變質的幸福私語

婚後感情……，反而逐漸冷感？

婚後才發……麼辦？

婚後總是……，是不是自己太懦弱？

難以避免……丈夫的態度是關鍵！

究竟怎麼做、才能不要踏進愛情的墳墓？

Expiry Date

∞

謝蘭舟　李喜軍　編著

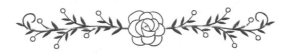

目錄

第1章　性衛生保健

女性性衛生保健　12

男性性衛生保健　21

第2章　性精神心理健康

女性常見的性心理問題　27

男性常見的性心理問題　35

什麼是性夢　41

如何對待性夢　43

性幻想究竟是什麼　45

第3章 「性福」生活

性反應週期 54
性生活前奏 62
性生活後戲 72
性生活清潔處理 74
性生活的次數 78
男強女弱怎麼辦 80
女強男弱怎麼辦 81
男女交合有十機 82
節慾養精之法 84
正確認識新娘的呻吟 85
性高潮缺乏如何治療 86
性生活時間不宜過長 88
夫妻性生活禁忌 90

第4章　婚期避孕

避孕原理 102
避孕方法 104
禁服避孕藥的情況 119
有病怎樣避孕 121
保險套與性 126

第5章　生殖系統疾病的預防

男性生殖系統疾病 130
愛滋病 141
女性生殖系統疾病 147

第6章　新婚用藥與飲食

新婚期間用藥 166
新婚期間的飲食原則 166

新婚夫婦的營養品 169
新娘飲食要點 177
女子性興奮的食療 179

第7章　婚姻生活

婚姻不是愛情的墳墓 190
家庭和睦的法寶 191
婚後生活適應 194
保持個人魅力 196
好丈夫的標準 198
好妻子的標準 200
夫妻談話藝術 203
與異性朋友相處 205
如何加強「婚後戀」 210
正確對待婚後感情變化 211

雙方性格不同怎麼辦 213
婚後包容對方的缺點 215
與雙方親友相處的訣竅 217
夫妻爭吵對策 219
配偶懷念過去情侶的對策 222
怎樣對待有外遇的丈夫 223
妻子不美錯在丈夫 225
新媳婦怎樣討婆婆喜歡 226
新姑爺怎樣討岳父喜歡 227
再婚如何對待先前子女 229
婆媳「鬥爭」的根源何在 230
怎樣才能做個好媳婦 234
婆媳和睦的祕訣何在 238
如何給自己增添魅力 242
如何塑造高雅的氣質 244

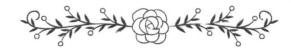

怎樣做到談吐不俗 246
婆媳裂痕和解 250
怎樣面對家事 252
怎樣處理家庭經濟矛盾 254
怎樣進行家事勞動的協調 254
丈夫不管家事怎麼辦 256
家事面面觀 258
家庭應要計畫經濟 260
男方入贅女家 262

前言

新婚對許多人來說，是一生中最為難忘的事情，是男女青年從相識、相知、相戀、相愛乃至共同走進神聖的婚姻殿堂的見證。它不僅僅是一個人「真正成熟」的標誌，而且是一個人在走出家庭、踏入社會後，由單身主義者到共築愛巢的轉折。

新婚猶如春天盛開的第一枝豔麗的花，亦如盛夏撐起的一樹綠茵。當你結束了無拘無束、自由自在的單身時代，與心儀已久的戀人步入神聖的新婚殿堂後，你會發現生活居然在不知不覺中發生著翻天覆地的變化——花前月下的卿卿我我，演變成了鍋碗瓢盆的叮叮噹噹。面對如此，也許會茫然、會不知所措，為此企劃、組織編寫了本書，希望能對所有新婚夫婦、蜜月生活有所幫助與啟迪。

第1章 性衛生保健

女性性衛生保健

女性由於特殊的生理結構，更容易受到病原體的侵襲。外陰部的汙垢還是病原體的溫床，病原體容易以此為基地，向泌尿道侵襲，引起泌尿系統感染或內生殖器官如陰道、子宮、卵巢和輸卵管發炎。因此，女性要特別注意性器官的清潔衛生，尤其是結婚後的女性更要注意外陰部的衛生。

另外，女性不宜穿過緊的褲子。過緊的褲襠使褲子與外陰、肛門頻繁摩擦，導致肛門處的病原體進入尿道、陰道裡，引起相對的感染。而且不利於會陰部汗液散發和空氣流通，因而使會陰部患皮膚炎、濕疹等疾病。女性在排便之後，應由前向後擦，以免把糞便汙物帶到陰道口、尿道口。還要注意性交前，認真清洗外生殖器。

有陰道炎的婦女要盡量避免性交，並且積極治療。

(一) 自然防禦機制

結構屏障

女性陰道的外側端比內側端狹窄，平時陰道的前後壁是互相緊貼，使陰道口閉合著，陰唇有一定的保護作用，因而阻擋了部分病原體侵入陰道內。陰道上皮細胞在卵巢分泌的性激素作用下增生、表層細胞角質化，使陰道黏膜得以抵抗陰道內的病原體侵入。子宮頸內口平時是緊閉的，子宮頸腺細胞所分泌的黏液積在子宮頸形成黏液栓，阻止病原體進入子宮腔內。據報導黏液栓子宮頸的下三分之一能檢查出細菌，而上三分之二查不出細菌。另外，子宮內膜週期性的剝奪，也可以清除子宮腔內的部分汙物和病原體。

化學屏障

雌激素能使陰道上皮細胞中富含的糖原經陰道桿菌的作用變成乳酸。因此，陰道在正常情況下呈酸性環境（pH4～pH5），抑制了在鹼性環境下繁殖的病原體，而子宮頸的黏液呈鹼性，使適應於酸性環境的病原體的繁殖受到限制。這樣，適應於酸性或鹼性環境的病原體在女性內生殖器受到生長和繁殖的抑制，便可保持相對衛生。當然，如果進行內生殖器官的手術，陰道沖洗是必須的，但是，在一般情況下，過多清洗陰道會破壞陰道內和子宮頸的正確酸鹼平衡，使原來受到抑制的病原體生長和繁殖活躍起來，以至引起陰道、子宮頸、子宮腔、輸卵管等器官的發炎。

免疫屏障

病原體從皮膚或黏膜侵入人體能引起肌體免疫系統的兩種反應：一是白血球逸出血球外，聚集在病原體周圍吞噬病原體；二是受到侵襲的人體組織，很快就產生一種名叫「抗體」的化學物質。在抗體的作用下，抗原的作用被減弱，或者抗原本身被消滅，從而限制發炎的惡化。抗體是一種對抗致病微生物作用的蛋白質分子，所以，免疫系統功能的強弱與身體的狀況有很大關係。當體弱多病時，免疫功能就下降，營養充分、健康良好時，免疫功能的作用就較強。因此，性器官的衛生也依賴於身體的整體健康水準。

(二) 陰道分泌物

陰道分泌物是由陰道黏膜滲出物、子宮頸及部分來自子宮內膜的分泌物混合而成，內含陰道上皮脫落細胞、白血球、乳酸桿菌，醫學上將這些統稱為「白帶」。

正常情況下的白帶為白色稀糊狀，一般無氣味，量多少不等，與雌激素濃度高低及生殖器官充血情況有關。青春期卵巢逐漸發育，並分泌雌激素時，開始有陰道分泌物排出，一般在月經中期接近排卵期時，由於子宮頸內膜腺細胞分泌旺盛，白帶中的子宮頸黏液占主要成分，此時白帶增多，清澈透明，稀薄似蛋清。排卵二～三天後，白帶又變得混濁黏稠而量少。行經前後因盆腔充血，使陰道黏膜滲出物增加，白帶也往往增多。妊娠期因雌激素濃度高，陰道黏膜滲出物及子宮頸分泌物都增加，故白帶也較多。另外，性生活前後、陰道內使用避孕藥物等，都可能引起白帶增多。以上均屬正常的生理範圍。

白帶異常是婦科臨床上最常見的症狀。白帶出現色、質、量的改變，往往是由於生殖器官的發炎或病變引起的，因此須及時做婦科檢查。臨床上常見的白帶異常主要有：

黃色水樣白帶

往往是由於病變組織的壞死或變性所致，常發生於子宮黏膜下肌瘤、子宮頸癌、子宮癌、輸卵管癌。黃色水樣白帶量多而帶有惡臭味者，應注意做進一步檢查確定病因並進行治療。

豆腐渣樣白帶

白帶呈豆腐渣樣或凝乳狀小碎塊，為黴菌性陰道炎所特有，常伴有外陰搔癢。

無色透明黏性白帶

外觀與正常白帶基本相似，只是量比較多，常見於應用雌激素藥物，或應用陰道避孕藥之後，中醫認為體虛亦可見這種白帶。

血性白帶

白帶內混有血，血量多少不盡，對這類白帶應警惕惡性腫瘤的可能，如子宮頸癌、子宮癌等，但某些良性病變也可出現這種白帶如子宮頸息肉，宮內節育器所引起的副作用。老年性陰道炎，重度慢性子宮頸炎等。

膿性白帶

色黃或黃綠有臭味，大多為滴蟲或化膿性細菌感染所引起，常見於滴蟲性陰道炎、慢性子宮頸炎、老年性陰道炎、子宮內膜炎、子宮腔積膿、陰道異物等。

(三) 外陰衛生保健

外陰清洗

外陰經常接觸白帶、皮脂腺以及月經等分泌物，大小陰唇間隙也易積存汙垢，加上鄰近尿道口、肛門，細菌在此極易繁殖。所以須每日清洗，清洗外陰要用專用的盆和毛巾。女性陰道裡的酸性分泌物有自淨作用，pH在4～5之間，用鹼性的用品會破壞陰道的自身保護屏障，使外界的病菌（尤其是某些病毒）有機可乘。因此，清洗外陰要用pH與陰道環境相當的專門洗液。清洗的順序是：先內後外，從前向後。尿道口和陰道口應優先清洗，然後是大陰唇外側、陰阜、大腿根部內側，最後清洗肛門。按這個順序汙水不致進入陰道。一般不必清洗陰道，因為陰道內生長著一種天然的不致病的陰道桿菌，它能保持陰道內酸性環境，使病菌不易生長。

按這個順序汙水不致進入陰道。最好每日換清潔鬆軟內褲一次，緊身三角褲不太適合。

勤換內褲

內褲要經常換洗，洗外陰和內褲最好有專用盆。另外，要避免內褲穿得太緊。女性的尿道比較短，距陰道口很近，陰道口生長繁殖的病原體也時刻威脅著尿道口，這些病原體一旦進入尿道，就可能沿著尿路上行感染引起泌尿系統的發炎。另外，肛門距外陰也很近，如果內褲穿得太緊，內褲便與外陰和肛門頻繁的摩擦，肛門處的病原體可能透過內褲汙染到外陰，同時，內褲與外陰的緊貼摩擦，幫助了外陰處的病原體進入尿道口和陰道口，引起泌尿系統或生殖系統的感染。

(四) 經期衛生

經期應及時清洗外陰和更換生理墊，用專用的乾淨的腳盆及乾淨毛巾蘸溫水擦洗。擦洗順序同外陰衛生，也不同時擦洗肛門。經期千萬不可坐浴，更不能性交。

1．了解月經

月經是指有規律的、週期性的子宮出血。出血的第一天稱為月經週期的開始，兩次月經第一天的間隔時間稱為一個月經週期，一般為案十八～三十天，提前或延後七天左右仍屬正常範圍。週期的長短因人而異，但每人月經週期有她自己的規律性。正常的月經持續二～七天，多數為三～五天。月經量的多少很難估計，一般在五十毫升左右，個別婦女可超過一百毫升或量很少，月經的第二～三天出血量最多。

婦女在月經期一般無特殊症狀。有些婦女可有下腹部及腰骶部沉重下墜感覺，個別可有膀胱刺激症狀如尿頻；輕度神經系統不穩定症狀如頭痛、失眠、精神憂鬱、易於激動；腸胃功能紊亂如噁心、嘔吐、祕便或腹瀉以及鼻黏膜出血等現象，但可以正常工作和學習。

經前期緊張症。由於月經前期，體內雌激素、孕激素濃度突然下降，也可能引起身體其他系統的一些變化。這些變化一般於月經來潮前七～十四天出現，經前二～三天加重，行經後症狀消失或明顯減輕，醫學上將症狀明顯者稱為「經前期緊張症」。一般有兩種類型的表現：

以精神症狀為主：常見的神經質，煩躁易怒或憂鬱，全身乏力，易疲勞、失眠、頭痛、思想不易集中等。

以軀體症狀為主：常見於手、足、顏面腫，腹部有膨脹的感覺，可以出現腹瀉或便祕，還可以有下腹部墜脹或疼痛，乳房脹痛等。

「經前期緊張症」多發生在女青年，常有以上這些症狀中的一種或數種，一般都比較輕微；無須治療，僅有少數症狀嚴重；需要用些藥物，如可以服些「穀維素」。中、西醫中還有其他一些治療方法，必要時應到醫院診治。

2．痛經

在經期前後或在行經期間發生腹痛或其他不適，以致影響生活和工作的，稱為痛經。

痛經分為兩種。一種為原發性痛經，也稱功能性痛經，指不存在生殖器官疾病者，常發生於月經初或初潮後不久，多見於未婚或未孕婦女，往往生育後痛經就減少或消失了。另一種為繼發性痛經，指由於生殖器官有器質性病變，如子宮內膜異位症、盆腔炎或子宮黏膜下肌瘤等引起的月經疼痛。

痛經大多於月經的第一～兩天出現，少數則在三～四天時疼痛，表現為下腹部的一陣陣絞痛，疼痛可以放射至陰道、肛門、腰部，可伴有噁心、嘔吐、尿頻、便祕或腹瀉等症狀，腹痛常持續數小時，偶有一～兩天，當經血及膜狀物排出後即消失。

出現痛經的婦女，尤其是已婚、已生育過的婦女突然開始的痛經，應及時檢查痛經的原因。排除了器質性病變的痛經者在服用藥物的同時，還應注意解除精神的過度緊張，避免過度疲勞，改變不良生活衛生習慣。

3．經期保健

由於月經期子宮內膜脫落出血、盆腔充血，全身神經體液方面也有較大變化，如不注意保持身體健康。不講究衛生，便有可能引起婦科疾病。

有些人認為月經血很髒，不願用手去碰，於是在月經期間便不清洗外陰，或者把用過的月經帶放在不清潔的地方，甚至有的人不注意衛生紙的清潔，這都是不正確的做法。經血是隨著子宮內膜的剝落形成的，很快經陰道排出，並不如人們想像的那麼「髒」，但是積存在陰道內，黏附在外陰上，滲透在月經帶下的少量血液，倒是病原體生長繁殖的良好處所，因此，真正「髒」的是遺留下來的血汙。

及時清洗外陰和月經帶上的血跡是非常必要的，要用乾淨的盆和乾淨的毛巾蘸濕水擦洗，從前面到後面，但不要在水中浸泡外陰，以免汙水進入陰道內。用具最好專人專用，起碼要與洗腳用具分開。

月經前後，陰道的酸鹼度有所變化，經期子宮口微微張大，因此，生殖器官的發炎常在此期復發或加重，有必要者，可適當的用藥。

由於失血，肌體抵抗力下降，月經期儘管可以照常工作，但不宜進行重體力勞動或劇烈運動，應避免接觸冷水，飲用、食用冰凍食品和飲料，但如果接觸了冷水，也不必擔心留下後患。月經期間應禁止性交以免感染。

(五) 乳房保健

發育期不能束胸，以免影響乳房發育。成年後宜用寬度合適的胸罩托起乳房。哺乳期要注意哺乳衛生，乳汁要盡量排空，哺乳後擦乾乳頭乳暈，兩側乳房要交替哺乳，使之保持對稱，哺乳期不宜過長，一般以六～九個月為宜。停止哺乳後應用胸罩托起，以免發生乳房下垂。對乳房的保護，要採取不同的方法。

油性皮膚的乳房護理：乳房之間的皮膚會出汗，因此，在每次沐浴或運動過後，用一塊性質溫和的肥皂清洗雙乳之間，然後塗上護膚劑。皮膚乾透之後，塗上爽身粉，吸收汗液。每星期做一次「面膜」也很有幫助，將調好的膜劑敷在胸前，十分鐘後清洗乾淨。油性皮膚的乳房切記要經常更換胸罩，以防汙垢和汗液積聚，滋長痤瘡。

乾周圍皮膚的乳房護理：要選擇鬆緊合適的胸罩佩戴，令其發揮最佳提托的效果。每晚用潤膚霜循環按摩雙乳，包括乳頭，然後輕輕向上按摩腳部及頸部。喜歡沐浴的婦女，可以在水中加上點嬰兒油或礦物油，再抹一些在乳房的皮膚上進行按摩。每星期做一次倒膜。即在碗內放進兩顆蛋黃，兩茶匙蜜糖，攪拌後敷在乳房及胸前；十分鐘後清洗乾淨。經常堅持做伏地挺身等闊胸運動，促使胸部肌肉發達有力，增強對乳房的支撐作用。

男性性衛生保健

在某些偏遠地區，由於傳統習俗的影響，有少數男性沒有每天「用水」清洗陰部的衛生習慣。其實，男性如果堅持注意性器官的衛生，養成用溫熱水清洗的習慣，不但有益於性生活的衛生，還可促進局部的血液循環，防止肛裂、痔瘡，是有利而無害的。每天晚上清洗生殖器，可用刺激較小的香皂或溫水擦洗陰莖和陰囊表面，特別要注意洗淨陰莖冠狀溝，不要讓包皮垢在此滯留。可以把包皮向陰莖根部牽拉，使包皮翻轉以完全暴露龜頭，然後對陰莖進行清洗。最後再洗會陰部和肛門周圍。

另外性生活後最好用肥皂、清水洗淨接觸中的排泄物。

此外，要保持內褲的清潔衛生；清洗完下身後，換一條乾淨的內褲，以保持清潔效果。大小便時盡量注意不要汙染內褲，一日弄髒應及時予以更換清洗。內褲不僅要常換常洗，更應放在通風及太陽晒乾。

陰莖：為男子性交和排尿器官。陰莖疾病易發部位在龜頭部，陰莖衛生關鍵在於經常保持包皮內外清潔。通常疲軟狀態下的陰莖，包皮常掩蓋龜頭的後半部，勃起後退至冠狀溝，裡層包皮有小皮脂腺，經常分泌少量黃色油脂性物質，與脫落上皮細胞等混合，形成乳酪狀軟性腫塊，積聚在冠狀溝內形成包皮垢，易於細菌滋生。刺激發癢，發生發炎，並成為陰莖癌的誘因。小兒期龜頭小，包皮長期將其完全包裹。青春期後陰莖發育長成，且帶有陰莖勃起，故包皮鬆弛向後退縮，使龜頭部分或全部裸露。

包皮：包皮和龜頭中間有一些腺體，能分泌脂性物質，這些分泌物和尿液混合形成包皮垢。包皮垢長期附著在龜頭表面或聚集在冠狀溝內，很容易造成細菌生長繁殖，引起包皮膚炎。

所以我們應注意重視包皮過長及包莖兩類情況。包皮過長是指包皮口並不狹小，可用手往上推回，但手離開又自動復位；包莖係指包皮口小或內壁與龜頭黏連不能翻起。包皮過長如注意每日翻起清洗，無大影響，不然不利陰莖衛生，婚後也易影響性慾，甚至會引起性交不適或疼痛。據分析，包皮垢是引起男性陰莖癌的誘因。

所以，包皮過長、包莖者，應及早進行包皮切割治療。

陰囊：陰囊在神經系統的調節下，常隨溫度的變化而改變。一般情況下多處於收縮狀態，表面出現多皺襞。當溫度增高時，陰囊常伸展呈鬆弛狀態。陰囊的收縮或舒張，可以調節陰囊內的溫度，以適於椭子的生長或發育，陰囊的皮膚薄而柔弱，應避免塗用碘酒及一些刺激較大的藥物，以免造成疼痛或損傷。陰囊皮膚皮脂腺豐富，分泌物較多，加上陰囊皮下內脂含平滑肌纖維，收縮時形成許多深的皺褶，導致汙物易於積聚，並刺激發癢，抓搔時易於感染，所以陰囊要每日用溫水清洗，同時穿鬆軟寬大短褲。緊身牛仔褲不宜經常穿用。

睪丸：在嬰兒期只有花生米大小，兒童期長到麻雀蛋大，到了成年，就如鴿卵大小，一般左側的比右側的大一些，低一些。睪丸表面有一層光滑的膜，在陰囊裡可自然滑動，當劇烈運動時，不至於受到損傷。但遇暴力的擠壓和撞擊也會使睪丸受到嚴重損傷，應盡量防止。

第2章 性精神心理健康

心理因素是一個複雜的問題。俗話說：畫龍畫皮難畫骨，知人知面不知心。從中我們可以窺見心理因素之不可捉摸性。具體到文化性，由於長期占統治地位的禁慾主義的影響，人們的性心理學知識更是幾近於空白。現實生活中，因性無知而導致性生活不和諧進而危及婚姻的事例更是層出不窮。鑒於此，在社會文明程度日益發達的今天，我們很應該來關注一下人類之性心理。

世界衛生組織對性心理健康所下的定義是：透過豐富和完善的人格、人際交往和愛情方式，達到性行為在肉體、感情、理智和社會諸方面的圓滿和協調。性心理健康評定標準必須具備以下四個條件：

（1）個人的身心應有所屬，有較明顯的反差。如果陰陽莫辨，就難以實施健全的性行為與獲得美滿的愛情。

（2）個人有良好的性適應，包括自我性適應與異性適應，即對自己的性徵、性慾能夠悅納，與異性能很好相處。

（3）對待兩性一視同仁，不應人為的製造分裂、歧視或偏見。對曾因種種歷史原因形成的一切與科學相悖的性愚昧、性偏見及種種謬誤有清醒的認識，理解並追求性文明。

（4）能夠自然、高品質的享受性生活。

人們對性的渴望就像吃飯穿衣一樣，它是人類的正常生理需求。我們應摒棄傳統觀念中的性羞恥感，客觀科學的來認識它，樹立起健康的性觀念，從而保障我們的婚姻生活更加幸福美滿。

女性常見的性心理問題

分析女性性心理，通常有以下幾種心理障礙表現，也即性慾產生障礙、性興奮障礙和性交困難三個方面。性慾產生障礙指對性的興趣冷感；性興奮障礙指性接觸時難以產生正常的性興奮反應；性交困難指陰道痙攣和性交痛。女性性心理障礙的發生率大致在百分之三十五～百分之六十之間，其中性慾產生障礙最為普遍。統計資料顯示，被調查的四千七百位已婚婦女中，患性慾冷感的占百分之二十三。下面我們針對不同情況做一下簡要分析。

1房事昏厥症

新婚夫婦在初次同房時，新娘由於羞澀、恐懼，對男方的愛撫和行為顯得茫然失措，出現了頭暈噁心、臉色發白、冒冷汗、心跳減慢等症狀，應即赴醫院就醫。

此類情況在新婚夫婦中並不少見。若處理不當，不僅有礙健康，而且會影響日後夫妻感情。

究其發生機制，系由於初次性交時精神過度緊張，大腦有關中樞高度興奮，使自律神經功能紊亂。這時，體內腎上腺素，兒茶酚胺和血清素等活性物質的分泌濃度增高，微血管發生痙攣收縮，出現微循環障礙，於是大腦處於暫時性缺氧狀態，患者出現暈厥。這在醫學上稱為「血管抑制性暈厥」或稱「房事暈厥，一般是突發性的、短暫的，只要妥善處理可恢復正常，此時新郎不必慌張，可讓新娘平臥，給她喝點糖水，靜躺一會就能恢復。對意識喪失者可用食指或拇指掐其口鼻之間的人中穴，可促其甦醒。

新娘在新婚之夜出現的暈厥症」，若發生痙攣等嚴重情況，則應及時到醫院請醫生處理，順便說一下，在結婚之前，男女雙方都應該對性生活有一個初步了解，學習一些有關的生理解剖知識；若在婚前檢查時，能得到醫生的諮詢指導，無疑更有裨益。

2 性厭惡

它是患者對性活動或性想法的一種持續性憎惡反應，有的人厭惡是表現在心理上的，有人則表現在生理上，如噁心嘔吐、腹瀉、心悸等。性厭惡者的表現比較古怪。有人厭惡性交，一年僅性交一二次。有人並不厭惡性交，但卻厭惡接吻、擁抱、刺激某個部位或厭惡某個動作。還有人厭惡與性有關的談話，一聽到就會馬上轉身走開或掩上耳朵。

還有人只要一想到與性有關的事情就會莫名其妙的厭惡起來。

性厭惡的表現雖然很令人費解，但是造成它的心理原因還是可以尋找出來的。首先，性厭惡與某種恐懼性心理反應有關。比如：有的女性受到強姦，這種凌辱對其心靈造成很大創傷，便產生了性厭惡。更有甚者，有的女性並沒有這種痛苦的經歷，只是在報紙雜誌上看到了描述強姦案的文章，想像力便受到了激發，於是對性厭惡起來了。有些人是由於不可告人的隱私導致性厭惡的。比如有的男性長有女性乳房，有的女孩身上多毛或乳房發育不良，生怕被異性發覺，便極力迴避性生活。這種性厭惡完全是從恐懼心理發展而來的。還有一種性厭惡是由害怕妊娠的心理派生出來的。這種人主要是女性，她們在青春期看到了婦女分娩時的痛苦，留下了強烈的印象，便對性接觸充滿了恐懼，進而形成厭惡感。

性厭惡還能夠由一些小事情誘發出來。比如丈夫晚上睡前不刷牙，妻子不能容忍他的口臭味，便對接吻厭惡起來。丈夫給妻子買了一件貴重禮物，妻子便與他性交，覺得是用肉體做出一種報償，便會產生厭惡的心理。另外，在不自願的情況下勉強性生活，看不慣對方在性交中的表情或動作，都可以發展到討厭性生活的地步。

3性高潮障礙

所謂女性性高潮障礙，指在性交過程中，女性雖有性慾和反應，但不能體驗性高潮，難於獲得性滿足，這是一種多見的症狀，帶有較大的普遍性。它主要由於精神心理因素引起的，常見原因有性觀念抑制；性知識貧乏，缺少交流；心情緊張；自身疾病。以上情況，除疾病須醫治外，其他因素都要靠夫妻相互關心、相互體貼，協調好性生活。

4 陰道痙攣

陰道痙攣指的是男子的陰莖即將插入陰道時，陰道周圍肌肉發生不自主的反射性痙攣，使性交難以進行，重度陰道痙攣只能伸進一個指尖，輕度陰道痙攣可插入陰莖，但患者感到很疼痛。

陰道痙攣的成因主要在於心理因素。比如在兒童青春期受到觀念的薰陶，腦海中被灌輸進了一大堆否定性活動的念頭，像什麼「女人最重要的是貞操」，「和男人睡覺最骯髒」，「男人享受，女人受苦」，「只有不要臉的女人才覺得和男人在一起睡覺快活」等等，把性行為與焦慮恐懼、有罪的情緒聯繫在一起。等到實際發生性交時，這些情緒立刻起了作用，也就不由自主的發生了痙攣。性交所留下的感情創傷，也是造成陰道痙攣的一個重要原因，比如有的女性在童年或青春期受到過暴力強姦，或者新婚時丈夫動作粗暴，這種經歷給她們留下了性交等於痛苦的強烈印象。由此形成條件反射。夫妻關係不正常也能造成陰道痙攣。比如有的妻子對丈夫表現出軟弱的性服從，參與性交只是一種迫不得已的事情，而在心裡她們又不願意聽從丈夫的擺布。這種矛盾心理狀態在性生活中就透過陰道痙攣表現出來了。

此病治療方法主要靠心理治療，向患者講解有關性知識，消除顧慮，並輔助以暗示的療法，採用子宮頸擴張器，不但可以使女方逐步適應，而且這個循序漸進的過程，也就是消除顧慮、樹立信心的過程。要是沒有子宮頸擴張器，採用手指療法也可以。此法由其丈夫戴橡皮手套，塗上潤滑劑，開始時將一個手指插進陰道，動作宜輕柔，慢慢伸入。成功以後加插一個手指，當兩個手指插入而患者無疼痛不適時，乃告訴患者可以開始試驗性生活了。性生活時也要循序漸進，陰莖一點點插入，無不適再全部插入，最後就會「水到渠成」。對一些神經過敏的患者，用少量鎮靜藥物輔助也可以減輕其局部疼痛。另外還要注意改進性交方法，愛撫女方，性生活時動作要輕柔。假如女方外陰有發炎，要對症做系統治療，待治癒後開始性生活。

5性慾低下

性慾低下主要表現為女性對性的慾望不強烈，對性生活不感興趣，究其原因，往往不是生理問題，更多的是心理問題，具體展現為以下幾種：

（1）道德觀對女性的禁錮和束縛，以及傳統的家庭教育，導致女性對性的困惑和壓抑。這是新婚新娘性慾低下的主要原因。

女性在整個童年期、青春期和成年期受到抑制性行為的教育，要求女性抑制性感情或性行為，許多性心理學家指出，在現代文明社會裡，對婦女的性反應常常是有所束縛的。文明社會的婦女，不能像原始社會那樣讓性反應自然而強烈的流露。一些充滿了虛偽的、缺乏科學的性知識教育，使不少婦女對性知識無知或存有誤解。例如：似乎「正派婦女」只應該生兒育女，不應該表現出對性快感的追求。理想的「大家風範」是在性交時抑制自己、被動而羞怯等，這些都使婦女的性生活受到障礙，無法獲得性高潮。

相當一部分女子從小到大，從青年到老年，從來沒有在內心深處真正承認自己也有性需求，沒有真正領會到性生活的可貴，反而認為它是可有可無，甚至覺得它是骯髒、下流的，這種自我抑制的心理，嚴重阻礙了女性性感的自然表露與釋放。有些婦女在性生活中唯恐自己的行為有傷大雅，害怕失去丈夫的寵愛，因而過度的注意自己的樣子、言語及丈夫的反應；或者不斷的回憶往事；或者擔心是否會懷孕等。這種注意力的分散，都能影響性週期的發展，阻礙性高潮的到來。

（2）有些女性過於純情浪漫。由於青少年時看了好多言情小說或聽過許多才子佳人的傳說，從小就沉湎於純潔的愛情和白馬王子瀟灑俊美的形象之中，並以此來衡量生活中的對象。日後即使能碰到理想的對象，但在婚後的生活中也會逐漸的感到理想消失，結果由失望發展成絕望，這正是引起性冷感的重要因素。這樣的妻子往往把性生活當成是義務，缺乏真正的熱情，因為她潛意識的認為，那真正的性慾望是留給夢幻中的他的。

（3）外界環境的干擾，諸如臥房不嚴密，怕被小孩或外人看見；床鋪不舒適；出現強光或雜訊；工作不順心，人事有糾紛，經濟有困難，家事掛心頭等，都可以成為性高潮缺乏的原因。由於妻子整天忙於工作和日常生活瑣事中，身心疲憊不堪。一個人的精力是有限的，當主要的精力被工作、家事、孩子等牽制，就會逐漸的對性生活喪失興趣。即使勉強去做，也難以達到理想的效果。久而久之，妻子就產生厭倦的心理。

（4）丈夫的過錯。由於對性知識的缺乏或同受傳統的影響，性生活中丈夫畏首畏尾，施展不開，致使妻子體驗不到性生活中的樂趣；或者男方單個控制性生活的始終和方式，在性交時男方只顧自己而不考慮女方的性生理特點，女方尚未有性慾衝動男方就急於性交，女方尚未達到性高潮男方就射精了，女方勉強應付，常常把它當成盡義務，迫不得已。久而久之，妻子漸漸對其失去信心，從而每次像應付差事一樣缺乏激情的碰撞。

（5）夫妻關係不和睦。夫妻之間缺乏情感交流，相互不信任，或對性愛的看法有分歧等。這些不僅會傷害感情，而且也難以使性生活和諧。不少婦女不了解自身結構，對性一無所知，不知道自己喜歡哪種性生活動方式；女方不能在性生活中向丈夫表白自己喜愛的觸摸方式、性交姿勢、時間長短。一到性交時就擔心自己出現不了高潮，這樣越是擔心，反而越出現不了高潮。

針對以上各種原因，如因身心疲之，精力不足的，可合理安排好家事瑣事，正確處理好與丈夫、孩子的關係，不要把感情的天平過於傾向孩子；屬於舊觀念的禁錮和束縛的，應該勇於打破和掙脫這些禁錮和束縛，多看些科學有益的性知識方面的書籍，使自己更加充實、勇敢和自然；如果是因為過於浪漫和純情而影響了夫妻之間感情的話，則應該從根本上消除腦中的不切實際的夢幻。世上理想的白馬王子是沒有的，一切的理想必須從實際做起。

（6）影響女子性慾的因素有以下幾方面：

性激素：性活動受大腦皮質和下丘腦的控制，與性激素濃度有密切的關係。因此，女子在月經期前後，由於性激素濃度的下降，性慾相對降低變弱。而老年婦女，由於卵巢逐漸萎縮，性激素濃度下降，可以引起性慾冷感。但補充性激素後，又恢復其對性的要求。此外還發現，有些不孕婦女血中泌乳素濃度升高，回饋性的作用於下丘腦，使雌激素分泌減少，造成陰道乾燥、性交困難、性慾降低。

心理作用：有些女子害怕懷孕、人工流產，尤其是採用安全期避孕者，這些心理狀態，直接影響性中樞神經，抑制了性慾的產生。

性生活的作用：和諧的性生活可以使女方保持良好的性慾，但不和諧的性生活，會引起性慾減退。

藥物作用：鎮靜催眠藥，抗精神藥，抗高血壓藥，抗腫瘤藥和某些利尿藥可引起性慾減退。

男性常見的性心理問題

女性因性心理不健康而導致性高潮障礙等一系列問題，男性也同樣存在類似情況，如新婚之夜新郎若過於急切則易引發早洩等，就說明了這一點。下面簡單分析幾種男性性心理不健康所引發的病理：

1早洩

早洩是指性交時，陰莖尚未進入陰道，或剛剛接觸，便開始了射精。如果陰莖插入陰道一～二分鐘後射精，不能稱為早洩。

新婚夫妻第一次性交，由於心理緊張，情緒亢奮，發生早洩是常有的事。此刻，妻子不要急躁，應心平氣和的體貼丈夫，千萬不能抱怨、冷落丈夫，更不能譏諷、斥責丈夫。如果流露出不滿情緒，甚至指責丈夫性無能，那就會使丈夫更加感到內疚，抬不起頭來。思想負擔加重造成心理障礙，下次性生活時更加緊張，越害怕早洩越發生早洩，時間一久，形成惡性循環。

引起早洩的原因很多，但主要還是精神因素，如過於緊張、衝動、極度興奮、難以控制、或害怕失敗、心存恐懼等，也有的人罹患神經衰弱，大腦的興奮和抑制功能失調，內抑制能力下降，也會發生早洩，只有少數人是由於身體虛弱、有病、腦力勞動過分緊張和疲勞等。

找出原因，做安慰工作，幫新郎減輕精神壓力。在性交時，動作緩慢一些，不急不躁，陰莖輕輕插入陰道後雙方都要穩住不動，男方可作深呼吸，過幾秒鐘至一分鐘後，再用勁，可推遲射精時間。

另外，夫妻暫停一段性生活，十~十五天避免性刺激。同時，生活要有規律，保持良好的睡眠，充分休息，增加營養，經常運動，增強體質，也會使性功能得到相對的改善。如果神經衰弱，可堅持服用刺五加之類藥物，再加上用些補腎固精的中藥。

有人提出行為訓練療法效果不錯。一種是變換性交體位，由通常男上女下位改為女上男下位；另一種是陰莖耐受訓練，捏壓龜頭或陰莖根部，緩解射精緊迫感；還有一種方法是陰莖脫敏訓練，即在保暖條件下，用四十度左右的溫水熱敷陰莖、陰囊及大腿內側，約十分鐘後以肥皂水潤滑陰莖，用雙手輪流握住陰莖根部向龜頭方向快速滑動，使掌面依次刺激陰莖根、陰莖體、冠狀溝及龜頭，每天訓練一次，時間由一分鐘增至三分鐘以上。在訓練時不能射精，快要射精時，停止刺激，防止射精。此法二十天為一療程，治療期間不性生活。一療程結束後休息一週，再進行第二療程。以後則可恢復性生活。

2 陽痿

從醫學上講，陽痿是指男子雖有性需求，甚至有較強的性慾或頻繁的性衝動，但陰莖不能勃起或勃起不堅，無法插入陰道，或插入之後不能維持勃起狀態以致無法完成性交。

新婚之夜，常因精神過度緊張，使第一次性交失敗，而在下一次性交時，更加緊張害怕，脊髓的勃起中樞突然受到抑制，已勃起的陰莖一下子又鬆軟下來，發生了陽痿。這些主要是精神心理因素所造成的陽痿。

有一部分陽痿是器質性病變所致，其主要原因有糖尿病、甲狀腺功能亢進或低下，腎上腺皮質及垂體功能低下、慢性酒精中毒、先天性睪丸發育不良、先天性尿道下裂等。另外長期服用鎮靜藥等也可能引起陽痿。

治療陽痿，首先要弄清楚產生陽痿的原因。有針對性的進行治療。如果是器質性陽痿，需治療原發疾病，由內分泌疾病引起的陽痿，可用激素治療；由藥物影響者，應停止用此類藥品或更換其他藥品；精神性陽痿，則應採用心理治療或行為治療，給予安慰，妻子的同情、諒解、體貼和關愛，會起更大的作用；某些器質性陽痿找不到病因者，可用陰莖假體植入手術。

新婚期陽痿較多，但百分之九十以上都是精神性陽痿，即因心理、社會、性知識缺乏等因素所致。婚前缺乏正確的性知識指導，性心理上存在著一些模糊甚至錯誤的看法，是最常見的一種心理障礙。

另外，新婚陽痿常見的社會因素也很多，如兩個人的婚姻沒有愛情基礎，為了工作、金錢、權勢等勉強結婚，對妻子不愛或討厭，引起中樞神經抑制而導致陽痿。新婚陽痿中的絕大部分人，在獲得正確的性知識以後可以自癒。尤其是妻子的關懷和體貼，積極治療，並用實際行動給予鼓勵，是最有效的靈丹妙藥。

如婚前經常胡思亂想而產生性衝動，但性慾出現的同時未能誘發陰莖勃起，於是認為自己患有陽痿，在這種心理障礙下性交，極易引起失敗。

還有一種男人平時具有較強的性慾，陰莖也能勃起，但一見到女性性感異常的肉體，便不能自控，精液就不自覺的流出，這是一種心理、生理和病理同時存在的病態現象，需要請醫生治療和疏導，慢慢的也就會治癒。

3性慾亢進

性慾亢進是指性慾一直保持特別旺盛狀態，不分場合、時間均有性交要求，否則即感到不滿足。

新婚夫妻缺乏性生活經驗，性生活不協調，女方因害怕疼痛、害羞、情緒緊張或其他原因對性生活產生排斥感，使男方性慾得不到滿足，便自認為是性慾亢進，其實這並非真正的性慾異常。

性慾亢進的主要原因是內分泌失調或精神心理失調。神經內分泌功能的改變如垂體功能亢進、甲狀腺功能亢進、腎上腺皮質功能亢進、腦腫瘤等。大腦、下丘腦等中樞神經病變對性激素敏感性增加，垂體分泌過多促使性腺激素增多，或睪丸本身間質細胞腫瘤促使睪酮分泌增多均可致性慾亢進。精神病如躁鬱症、精神分裂症、妄想症、麻痺性痴呆等，由於大腦控制性興奮能力下降而表現出過多的性衝動。

性慾亢進者表現為性慾強烈，不分晝夜多次性交，久戰不休還無法滿足性需求，因此導致疲乏無力、精神恍惚、工作效率低下，時間長了，性慾亢進後期會出現陽痿等性功能障礙。同時也會引起女方的性厭惡，造成夫妻性生活不和諧。

治療辦法：應去醫院全面檢查，確診某項疾病，對症治療，同時可口服鎮靜藥品，如安定等，可減少性衝動。

4不射精

不射精是指在性交過程中，雖然有性慾，陰莖也能正常勃起，但無精液自尿道外口射出，以致不能達到性慾高潮，陰莖在勃起一段時間後會自然的慢慢變軟。

也有的新郎，性交時不能在女方陰道內射精，但單獨一人用手淫方式或女方用法刺激可以射精。

引起不射精的原因很多，但精神因素占百分之九十以上。

功能性不射精的原因有缺乏性知識，或雙方缺乏感情等；女方害怕懷孕，怕得陰道炎等而限制男方抽動；環境因素，幾代人同居一室；局部因素，如包皮過長以及縱欲過度等。

器質性不射精的原因有大腦側葉病變及脊髓損傷、傳導神經障礙、內分泌異常；局部病變，如精阜肥大、陰莖外傷、嚴重尿道下裂等；藥物影響，如鎮靜、安眠藥等；毒物因素，如慢性酒精中毒及嗎啡、可卡因等都會使性功能受抑制，以致不射精。

不射精的治療方法很多，有心理療法、物理療法、藥物療法、手術療法、中藥治療等。尤其是心理治療更為重要，比如學習一些性知識，消除性愚昧，了解性生活在促進身心健康和夫妻感情關係中的作用和意義，選擇合適的避孕方法，消除性交過程中的顧慮等，都有助於正常射精。

作為妻子，面對不射精的丈夫，應該熱心關愛，告訴丈夫，即使不射精，同樣可得到快樂和性滿足；在性交前，主動溫柔的愛撫丈夫，使他解除思想壓力；在性交過程中，用手托睪丸或變換體位，緊緊擁抱男方，有意識的收縮陰道括約肌，輕柔的刺激陰莖，促使丈夫性高潮的到來，只要有一次成功的射精，都有可能永久的改變不射精現象。

值得一提的是，新婚蜜月，一夜性交多次，最後出現不射精，是正常現象，因為精液耗空，自然無精可射，這與前面所說的不射精是兩回事，不必擔心害怕。

什麼是性夢

人們在睡眠中做富有性內容的夢。在性夢中可同時伴有性的生理反應（如男子射精，稱為夢遺）。對這種現象，自古即有許多解釋與說法：如西歐中世紀認為是由於「巫女作祟」；在古代傳統醫學中則認為「夢遺有害」，因此在《戒色延年》內提出「勿敗夢交」的勸導。這些說法都缺乏科學根據，並可能對性夢者造成一定的精神壓力。性夢是一種正常的生理現象，人們在受到性刺激後或由於生理的性衝動，從而在夢中顯示出來。

性夢的生理基礎

近代對睡眠的研究，發現有兩個時相：①眼球快速運動相（REM相）。其特點為眼球呈現快速水平向運動、腦電圖顯示低壓快波，此時被叫醒會說有生動夢境。②非眼球快速運動相（NREM相）。其特點為眼球不動或緩慢移動；腦電圖顯示不同型式慢波，該時基本無夢。人入睡後，首先進入NREM相，然後再進入REM相，二者合起來為一個週期，如此周而復始，一夜可有四～六個週期，每週期約九十分鐘左右。REM相約占全部睡眠時間的四分之一，它是做夢的神經生理基礎。在REM相睡眠時，大腦儲留的資訊重新進行組合，因此做夢時可將過去很久的印象與最近感受的印象，不合邏輯的在夢中組合在一起。

性夢的發生機制

佛洛伊德對此問題的研究做出了較大貢獻。他認為引起做夢有三類因素：①環境與軀體感受的刺激。如睡眠時房間太冷會夢到置身於冰天雪地中，房間太熱會夢到在火山或火爐旁。《紅樓夢》中賈寶玉在秦可卿房內睡眠，房間內極為冶豔的擺設與氣氛，極可能是導致賈寶玉做豔夢的環境刺激因素。②日間活動的殘跡作用。即「日有所思，夜有所夢」，如某青年睡前電話邀請其女友去公園遊玩，入睡後即夢到與女友在公園裡划船遊樂。③潛意識內容的顯示，這是佛洛伊德所特別重視的。根據佛洛伊德《夢的解析》，他認為夢主要顯示睡者內心深處或潛意識內的願望，往往以偽裝的形式在夢中顯示出來。

佛洛伊德將潛意識內容轉換成顯夢內容的心理機制稱為「夢的工作」，基本上包括以下的心理過程：①視覺化或形象化。睡者內心的慾望、情感與思想等，主要以視覺性形象表達出來而很少使用言語、文字形式，所以人們的夢境以無聲畫面的交替為主。夢者的思維亦以原始形象化思維為特徵。②象徵化。在夢中以「中性」事物來象徵某些被忌諱的東西。如以尖槍、長矛、蛇等象徵男性生殖器，以地穴、山洞、房間、空袋等象徵女性生殖器，以上下樓梯、登山、游泳、跳舞、騎馬等節奏性活動象徵性交。透過象徵化心理機制，對潛意識內容進行偽裝。③凝縮化。在性夢中把幾個性愛對象凝縮成一個形象，在《紅樓夢》中就有一例。賈寶玉在夢遊太虛仙境的結尾，由警幻仙子帶他去與一仙女成親。該仙女「名可卿，字兼美」，貌似寶釵，神如黛玉，就是將黛玉、寶釵與秦可卿三人凝縮成一個形象。曹雪芹的「兼美」一詞，與佛洛伊德的「凝縮」也是不謀而合。④變形機制。在夢中對睡者起初內心願望的改變形式，甚至用相反的形象表現出來（俗稱「做反夢」）。例如夢到所追求的對象拒絕自己的求愛。⑤二次加工修飾。在睡者醒前對夢的再次加工修飾，使人們醒來回憶時，構成一個比較合理的故事，結果可能將原來重要的情節縮小，而將次要情節誇大，從而使其失真。因此在釋夢時，必須去偽存真，並需經專門技術學習，才能較準確揭露夢的潛意真相。

如何對待性夢

在性夢中，不少人可達到性高潮，男子可以射精（夢遺），女子也可有相對的生理反應。性夢作為一種自然的性慾發洩，可認為它能緩解累積的性緊張並達到一種「安全閥」作用。據調查，單身、離婚的男子，要比結婚男子夢遺的出現率高。性夢或夢遺都是正常的性心理、生理現象，「精滿自溢」並非病態。人們在性夢或夢遺後所發生的精神緊張、焦慮與神經衰弱症候群，不是由於性夢或夢遺所造成的，而是由於缺乏正確與科學的認識，由心理作用造成，如感到罪過、可恥，以及「精液為人身元氣根本、流失會造成危害」等錯誤觀念所致。

男女性夢的區別

女性做夢多半為親吻、撫摸，男性則傾向於夢到性交。由此可見，女性的夢與男性在內容上有所不同。女性夢中的愛侶常常是認識的人，而男性的夢中情侶則多為陌生女子。

男性的性夢有何特點？黏糊糊的床單往往是男性做性夢留下的證據。夢遺通常是在男孩進入青春期前一年左右開始，至二十歲前後達到高潮，不過男性在這方面也存在某些差異，有百分之十七的男孩從未有過夢遺。

女性會做性夢嗎

一般說來，女性的性夢再次數或內容上差異比較顯著，而男性的都差不多。據研究：八千名婦女中有三分之二確實夢到性交的場面，百分之三十七表示在睡夢中達到高潮的情形至少發生過一次。在這些夢中達到性高潮的女性中，更多的是一年大約做三四次這樣的夢。

白天為何會做性夢

「性白日夢」是在白天覺醒狀態下，不伴有明顯性行為活動，透過幻想方式獲得性快感的一種現象。心理學家認為這是一種女性性生理和性心理行為日趨成熟的表現之它的發生與體內雌激素濃度、性心理變化密切相關。

性白日夢在不伴有性高潮的情況下，是一種正常現象，故無須特殊治療。作為性白日夢者，首先不必背負精神包袱和心理負擔，對於一般的性白日夢者，透過結婚不失為治療本病的一種有效方法，特別是婚後美滿的家庭生活對其有療效作用。其次，當性白日夢嚴重妨礙工作時，建議看心理醫生，進行具有針對性的心理治療。最後，性白日夢出現頻率過多時，或伴有其他表現，心理治療難於控制時，則應根據症狀在心理醫生的指導下，給予相對的藥物治療。

性幻想究竟是什麼

性幻想是有關性的幻想。男女在青春期以後，性發育成熟、性激素劇增、性慾啟動、性意識都會自然的萌發出各種性想像。性幻想在人類生活中普遍存在。據統計，十八～二十二歲的人中有百分之二十時間想到性，二十八～三十五歲的則占百分之八，而六十歲以上的人只有百分之一。

做同性戀夢怎麼辦

一些心理學家認為：做同性戀的夢並不完全等於同性戀，可能只是代表自己在學習愛自己、欣賞自己而已，所以，異性戀的人偶爾做到同性間的夢也屬正常。正常的人類性行為可以是變化多端的，它並不專指正常體位，而且還會反映在夢境中。

心理障礙影響夫妻關係

在家庭的問題上，有一條規律一直未能引起人們足夠的重視。這就是：夫妻關係的好壞，除了人們通常所想到的各種原因以外，還與夫妻雙方的心理健康狀況有著密切的聯繫。由於一方或雙方的心理問題及精神問題而導致的夫妻矛盾或家庭關係不和的情況，在生活中時有發生。

現代生活的節奏加快，競爭激烈，人們普遍感到壓力較大，心理疾病和精神疾病的生病率逐年增高。據調查，在心理疾病和精神疾病的患病率已達百分之十左右。由於心理衛生方面的知識普及不夠，不少人對心理疾病和精神疾病還缺乏基本的了解。當某人患了這類病後，他自己和周圍的人往往毫無警覺，仍把他當作正常人來對待。這樣，一些本來是疾病症狀的某些表現，就難以被正確認識，很容易造成人與人之間交往的障礙，影響夫妻關係，甚至導致家庭破裂。

自戀癖是什麼

自戀癖是以自身為性戀對象的一種性變態，但有時也可以與過去的自我或稍變形的自我表象為對象。按艾利斯醫生的觀點，一切不由旁人刺激而自發的性情緒的現象都可以自戀，它包括性愛的白日夢，性愛的睡夢，影戀（以自己的影像為性愛對象）和手淫（自淫、意淫），其中影戀是自戀的最典型的現象。

影戀多見於女性，由顧影自憐或自我冥想引起性愛的情緒。許多年輕女子望見水面、鏡面及照片中的自我形象，非常驕傲和自豪，孤芳自賞，自己讚美自己，同時引發性興奮。這種現象在文學作品及電影裡常可見到，主人公對著鏡子欣賞自己的倩影，慢慢的覺得心曠神怡，欲火內熾，面紅發熱，最後用雙手捂面，有嬌羞之態。熱衷於攝影留影者也不乏影戀的成分。歷數著往日的倩影，不覺有自我陶醉之感。

戀物癖是什麼

戀物癖僅見於男性，他們收集女性的內衣、頭巾、絲襪、髮夾等物品，經常採取偷竊、藏匿手段，透過穿戴、觸摸、嗅聞這些物品獲得性滿足。

窺陰癖是什麼

窺陰癖多見於男性，透過偷看他人的性活動或裸體異性來達到性興奮。此強烈慾望會週期性出現，克制慾望會引起明顯的焦慮不安。

露陰癖是什麼

露陰癖多見於青年男性，週期性或間歇性在異性面前及大庭廣眾下突然暴露自己的生殖器，當看到他人驚慌失措或恥笑辱罵的反應時，反而產生性快感。

異裝癖是什麼

異裝癖多見於男性，他們從童年或青春期開始反覆穿戴異性服飾，以此引起性興奮。多數患者有正常的異性愛並結婚，但對異性服飾仍不能割捨。

什麼是異性癖

異性癖患者有男有女，其共同特徵是從心理上否定自己的性別，不接納自己的生殖器官及第二性徵。他們的穿著打扮、性感行為、社會交往、工作選擇處處按與自身相反的性別去要求，甚至不顧輿論壓力和家人阻攔，堅決要求做變性手術。

器官偏愛癖是什麼

器官偏愛癖是指對人體的某個部位或器官產生特殊的色情上的愛慕，可視為戀物癖的一種特殊類型。美國社會中大多數人都偏愛婦女的乳房，有的女歌星走紅與其特別豐滿的雙乳也有一定關係。古時即有足戀，清代以前有小腳（裹腳）戀。鞋戀（屜戀）是由足戀派生出來的。器官偏愛癖者偏愛的對象通常是乳房、大腿、踝關節、秀髮，或身體上其他特殊的部位，其中髮戀較為常見。與戀物癖相同，滿足視覺刺激的器官偏愛癖者較為常見。

皮格馬利翁癖是什麼

皮格馬利翁是希臘神話中賽普勒斯國王，他熱戀著自己親手雕的一尊少女像，日夜與其相伴，不理會其他女子的追求。皮格馬利翁癖是指行為人對某些類比人體造型的無生命物體的偏愛，並透過它滿足性慾。這些物體的形式包括人體雕像、塑膠玩具娃娃和時裝模特兒等。

同性戀是否性變態

同性相戀不一定是性變態。青春期前後，有的少年男女可能出現與同性夥伴過分親密、戀戀不捨甚至朝思暮想的傾向。不過，一旦環境改變，他們便自然把興趣轉到異性身上。與此不同，同性戀是以同性為滿足性慾要求的對象，多厭惡異性。

性焦慮是什麼

對性行為產生焦急、憂慮和不安的情緒狀態，同時還伴有心慌、出汗等自律神經和肌肉緊張、運動性不安等。性焦慮患者在性交時（甚至只要想到性交），便會出現身不由己的緊張和焦慮，有時只要與異性接吻、擁抱或被撫摸時也會觸發焦慮，此時出現的心跳加快、出汗等現象與性行為本身產生的生理反應不同，因為它帶有明顯的不快和無奈。

性焦慮與什麼有關

一般認為，性焦慮的產生多與性知識的缺乏有關。兒童時期過分嚴厲的禁慾主義教育；婚前對性交知識一無所知；新婚時擔心處女膜是否完整，錯誤的受傳統影響認為它是女子貞潔的標誌；以及害怕意外妊娠，都是引起性焦慮的重要原因。另外，一些情況也能導致性焦慮，如性活動不合法，或性交場所不安全、不隱蔽等。性焦慮也可以是其他性功能障礙或性心理障礙的一部分。防治性焦慮，必要的性知識教育非常重要。

怕生育會帶來性焦慮嗎

新婚伊始，有的女性對生育的恐懼、顧慮、不願生育，而長輩或男方又特別迫切希望要孩子為此，造成女方心理壓力，引起緊張、憂鬱等情緒，性需求與性反應降低，只是單純為完成生育任務性生活，事實上不僅生活不美滿，還可能造成不孕症。

憤怒性焦慮是什麼

憤怒和怨恨是相似的感情，憤怒可直接干擾性反應，不可能與性興奮同時出現。從心理學上講，憤怒難以達到性滿足，更易傷害感情。這種傷害有累積性，會一次比一次加深、加重。憤怒根本不可能引起性興奮與性慾望。任何一方強行行房，勢必加深心理上的創傷，造成憤怒的裂痕難於癒合。

焦慮是一種十分普遍的心理現象，我們在日常生活中時常可眼見到或親身體驗到，如在一次競爭十分激烈或與前途密切相關的考試前；在等待一次重要的會見時；從沒有舞台經驗者要登台「亮相」時等情況，當事者都會有焦慮感。

焦慮的典型表現為神情緊張、雙眉緊鎖、注意力不集中，猶如熱鍋上的螞蟻一樣坐立不安、往復徘徊，雙手常重複做著沒有意義的小動作，握拳弄指或反覆擺弄前襟的鈕扣或鼻梁上的眼鏡。性交焦慮症會在性交時出現緊張心緒，心跳加快、口乾舌燥、唾液減少、尿頻、甚至遺尿等一系列表現，這完全是由心情焦慮引起的。

性焦慮的原因

由於性心理非常脆弱，在夫妻生活中表現突出，文化程度越高心理影響越大；年齡越大，心理表現越脆弱。在性生活中無論是聲音、臉色、態度、熱情、反應、氣味等，甚至不適宜的玩笑都可形成焦慮性心理因素，可能造成性功能障礙。由刺激或打擊產生的性焦慮，進而害怕性生活的失敗是最常見的表現。

口角性的焦慮與衰退

夫妻口角，本是生活插曲，應就事論事，一方發火另一方克制，千萬不可雙方同時發火。在失控狀態下，謾罵、奚落、挖苦都會在心靈上種下不快的種子，往往又會從這裡萌發新的端倪。千萬不可帶怒氣行房，把本是樂事的性生活變成悶悶不樂的消耗戰。這不僅造成感情裂痕，也很容易造成性功能障礙；用拒絕或強求性生活的手段來試圖解決生活難題的夫婦，這不僅給心理上造成更大的創傷，而且只能使難題更難。

處女焦慮症是什麼

典型的處女焦慮症是指在男方性慾被喚起陰莖充分勃起時，妻子會害怕損傷自己的身體，出現緊張情緒。並可發展為驚恐，甚至發出尖叫聲，這一聲尖叫有可能成為今後她本人發生「性交恐懼症」或她丈夫出現「陰莖勃起困難」的心理因素。臨床上把這種尖叫聲稱為心因性性障礙凝固因數，因為這一意外打擊會引起性功能障礙突然發生並長期存在。

處女焦慮症如何避免

要正確認識夫妻性生活，懂得夫妻性生活是婚後必然要發生的、完全正常、合理的事情，並不是卑下、褻瀆的淫穢行為。

應知道一些性解剖和性生理知識，這裡要提醒新婚夫婦注意的是，房事時，男方在女方沒有達到性興奮之前不要貿然插入，否則帶給她的不是快樂而是痛苦；女方也應該在自己充分進行性喚起後，再接受陰莖插入。

第3章「性福」生活

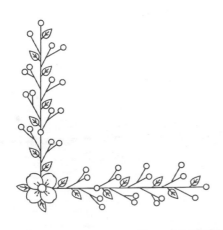

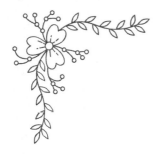

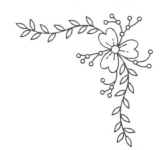

性反應週期

從性喚達到性慾高潮，從性慾高潮到回復至初始的生理狀態，生殖器和身體的其他方面都要經過一系列的週期變化，這就是性反應週期。男性性反應的特點是能迅速進入性興奮狀態。這和男性的性慾衝動具有「主動性」和「進攻性」有關；而女性性慾衝動則表現為「被動性和容受性」。這種差別和受精過程中精子的「主動性」與卵子的「被動性」完全相適應。性反應週期分為興奮期、持續期、高潮期、消退期等四期。

(一)男性性反應週期

1．興奮期

男性性興奮期是以陰莖勃起為主要特徵的。陰莖海綿體因充血而脹大，圍繞著海綿體的白膜被充分綳緊，這樣產生的壓力能阻斷白膜下靜脈和竇回靜脈的血液回流，使陰莖保持勃起的堅硬。這種狀態可以在接受心理性或反射性性刺激十秒鐘左右發生，但如果不能及時向性反應的下一階段發展，則會暫時消退，遇刺激後又可以重複出現。在性興奮時，陰囊也發生形態改變。由於提睾肌收縮，使精索回縮，睾丸向腹腔方向提升，皺縮的陰囊因綳緊，皮膚變得光滑。陰囊的這種變化僅能維持數分鐘，但在性反應的以後階段中仍又重複出現。有一部分男性在興奮期可發生乳頭勃起，大多數男性沒有這種反應。

2．持續期

在興奮期和持續期之間並沒有突然變化的生理標誌，而是許多生理反應在性興奮期的基礎上進一步加強。持續期預示著性高潮的生理緊張、肌肉緊張和神經緊張均達到更高的強度。此時呼吸加深加快，生殖器官血液充盈更加明顯，陰莖緊硬，性快感在男女兩性之間都很強烈。男性性持續期的性興奮和性緊張強度是在興奮後期持續增強。因陰莖海綿體的進一步充血，陰莖變得非常堅硬，龜頭顏色加深，變為紫紅色，睪丸體積也可由於充血而增大。睪丸向腹腔方向充分提升並發生特有的睪丸旋轉。在持續期尿道口有尿道球腺的黏液流出，個別情況下能在其中找到精子。了解這一生理過程，對於科學的掌握避孕方法是有益的。外周性反應則有全身性肌肉強直、血壓進一步上升、心動過快和呼吸喘急等。在持續期陰莖由可以隨意識控制的緩慢抽送逐漸發展到無法自主控制的快而猛烈的抽送，此時伴隨著強烈的舒適感。如果配合和諧，男女雙方的身體運動特別是骨盆的運動會調節得非常得當，這樣雙方會同時進入性高潮。要做到這一點兩人的情感交流是非常重要的。

3．高潮期

男性性高潮是男性在性反應的過程中，性興奮強度最高的時期。科學研究表明：人體具有一個性高潮的閾值，一旦性刺激和性興奮強度達到或超過此閾值，便由神經反射引發性高潮的出現。無論男性或女性，性高潮期僅僅只有極短的一段時間。在男性隨著性高潮的出現，體驗到有一種強大的壓力，使射精迫不及待和不可避免。實際上，此時距精液射出還需要一～三秒鐘的時間。由於高度興奮，陰莖的抽送力度加大、頻率加快、龜頭更為脹大，有一種力圖把身體力量集中於陰莖向陰道深部頂入的意向，緊接著射精開始。射精是精液在強大的壓力下從尿道口噴射而出的生理過程。射程可達半公尺或更遠。但隨著年齡的增長，這種射程越來越短，有時甚自從尿道流出，這是因為與射精有關的肌肉收縮力減弱的結果，並非病態。瑪斯特斯和詹森把射精過程分為兩個階段，在第一階段，睪丸內輸出管、輸精管、輸精管壺腹、精囊腺、前列腺一起產生平滑肌收縮，使精液彙集於尿道的前列腺部，同時尿道球腺也分泌液體加入精液，此期內括約肌關閉，阻斷了精液逆行到膀胱的通路。在第二階段，由尿道中充盈的精液產生衝動經骶神經傳到脊髓射精中樞，然後有節律的衝動從脊髓送到骨骼肌；致使球海綿體肌、坐骨海綿體肌、尿道括約肌共同有節律的收縮產生壓力，迫使精液從陰莖部尿道口噴射而出。開始二～三次的收縮，時間間隔為零點八秒，以後節律放慢。收縮次數前後約有四～十次或更多。這種收縮次數的差別，正好反映了性高潮的強度。男性性高潮的強度決定於疲勞的程度、性心理狀態、性刺激強度以及兩次性交的間隔時間。

4．消退期

男性隨著射精的結束，性能量釋放完畢，無論生殖器官還是整個身體，肌張力急劇下降，陰莖的勃起很快消失。陰莖的充血腫脹也隨著血液狀態的恢復正常而消退。睪丸體積也隨之縮小。實際上在解剖學和生理學的變化方面，消退期正是興奮期的相反過程。男性消退期的一個最顯著的特點是，經歷過性高潮之後，存在一個對進一步的性刺激不作反應的時期，即不應期。不應期的長短會因人、因時而異，但和年齡關係最密切。在青年期不應期可以短至數分鐘，而在老年期可長達數小時以上，如在數小時內重複性交，則不應期順次延長。與男性相比，女性多數有重複達到性高潮的性潛力。因此，有人認為，只有男性才有不應期。了解男性和女性的這一生理差別對於促進性和諧有很大意義。從功能意義上講，不應期是男性為了積蓄性能量，使精子數量得以補充，以適應新的性緊張而必須的間隔。因為男性在整個性反應過程中的體力消耗，要比女性強得多，況且還有大量精子排出。正是因為存在「不應期」，才可以避免過度性交而造成身體的損害和精子的缺乏。特別值得指出的是有嚴重早洩的男性，常常表現有不應期的過度延長。

(二) 女性性反應週期

女性外生殖器大陰唇及小陰唇在性反應中的變化，也是很明顯的，並可為性緊張度提供臨床徵象。

大陰唇

大陰唇位於女性陰道口兩側，是一對縱長隆起的皮膚皺襞，下面有很厚的皮下脂肪，並有豐富的血管、淋巴管及神經末梢，對性刺激敏感。

在平時，未婚或未生育的女性兩側大陰唇是在陰部中線合攏的，可以掩蓋住小陰唇、陰道口及尿道口，達到一種保護作用。有些經產婦在分娩過程中受傷，使大陰唇不能在陰部中線合攏。

在受到有效性刺激而引起性興奮時，未生育過的婦女大陰唇會變薄變扁平，並會有向上及向外的移位，這種移位的結果是使大陰唇離開陰道口更遠。

大陰唇的移位是怎樣造成的呢？在性興奮時，小陰唇迅速充血隆起，陰道外三分之一段的血管也充血，迫使大陰唇的位置也發生移動。大陰唇在性興奮時為什麼要發生這種位置變化呢？有人推測這是一種不隨意的神經生理調節，可以使性交時陰莖更容易插入陰道。

上述這些變化通常是在性反應週期的興奮晚期或平台期開始後不久完成的。在平台晚期及高潮期，大陰唇在外表上一般觀察不到什麼變化。

到了消退期，大陰唇向中線合攏，並恢復至原來的厚度。如果一位女性的性反應達到高潮，陰唇在消退期會很快恢復原狀。但如果性反應只到達平台期，陰唇的恢復就要慢得多。另一種情況是，一位未生育過的女性如果興奮期或平台期拖延的時間很久，大陰唇就會長時間處於分離狀態，靜脈也長時間處於瘀血狀態，因此有可能發展為水腫。有些女性在刺激停止後，仍可有數小時的陰道血管充血。

已經生育的婦女，大陰唇在性反應中的表現有所不同，患有陰唇靜脈曲張的婦女則更加明顯。這些婦女的大陰唇不像未生育過的婦女那樣會變薄變扁平，向上向外移位；相反的，由於靜脈的充血會懸垂腫脹。一般認為，大陰唇的靜脈曲張越嚴重，在性緊張時的血管充血也越嚴重。但大陰唇的這種懸垂腫脹並不會影響正常性交時陰莖的插入，因為在性興奮時生育過的婦女陰唇也是會輕度向兩側移位的。

小陰唇與周圍皮膚

小陰唇位於大陰唇內側，是一對較薄的皮膚皺襞，表面光滑、濕潤，有豐富的神經末梢，對性刺激很敏感。

劉先生對醫生說，他與妻子的性生活不是很和諧，妻子說他不善於透過撫摸使她性興奮。劉先生很想知道怎樣的刺激更容易使妻子興奮，但他覺得妻子陰蒂的反應並不明顯，不管他採用什麼刺激手法，從未見過妻子陰蒂頭明顯腫脹，也未見到陰蒂勃起。顯然，劉先生曾經看過一些性知識的文章，並記住了文章中的描述。醫生告訴他，並不是每個女性在興奮期都會出現陰蒂頭腫脹，有統計資料說，在興奮期，有一半以上的女性並沒有產生明顯的陰蒂頭腫脹。醫生問劉先生，有沒有注意到小陰唇顏色的變化，劉先生說沒有。看來，劉先生只是強調了陰蒂在性反應週期中的變化，而忽視了小陰唇在這個過程中的變化也很明顯。

在興奮期，無論是未生育女性或已生育女性，小陰唇直徑都有明顯增大，當性反應發展到平台期，小陰唇的直徑可增大到二倍甚至三倍。由於小陰唇直徑的增加，陰道管的有效長度也相應延長了。

在平台期中，充血不但使小陰唇的直徑增加，也使此期顏色發生明顯變化。女性的小陰唇會從粉紅色變成鮮紅色，已生育女性的小陰唇會從鮮紅色變成深紫色。可以認為，小陰唇的顏色變得越深，盆腔及陰唇靜脈曲張就越厲害。這種顏色的變化很特殊，有人把性反應中的小陰唇稱為「周圍皮膚」。

由於周圍皮膚的顏色變化很明顯，臨床醫生和科研工作者可以用周圍皮膚來判斷一位女性的性反應濃度，如果出現周圍皮膚反應，可以認為已達到性反應週期的平台期濃度。在性治療中，也可以用周圍皮膚的變化來分析一位女性對某種性刺激手段的反應程度，顏色變化鮮明、確定，提示對這種刺激手段的反應較強烈。周圍皮膚反應的出現，也標誌著性高潮即將到來。

在消退期，周圍皮膚的顏色也隨著性緊張程度的消減而消退，在性高潮結束後的十～十五秒鐘，周圍皮膚會從深紅色或鮮紅色變為淡紅色。

前庭大腺

在兩側小陰唇中，都有前庭大腺。前庭大腺的開口在小陰唇的內側面，與陰道入口相鄰。前庭大腺分泌一種黏性物質。以前，不少介紹性知識的文章說這種分泌物在性交時能使陰道入口潤滑。根據新近的科學研究，這種分泌物在性反應週期中的興奮晚期或平台早期才出現。科學研究還發現，未生育女性前庭大腺所分泌的黏性物質通常只有一滴，已生育女性也僅有二～三滴。這麼少的分泌物對於潤滑陰道入口是不夠的。

既然前庭大腺的分泌物不足以潤滑陰道，那麼在性興奮時陰道的潤滑物質來自何方？在科學研究中，觀察到在興奮期陰道壁上類似「出汗」的現象（整個陰道管壁上有黏液樣小珠）。當性緊張度進一步增加時，這些小珠融合，在陰道管壁上形成了一層平滑的液膜。熟悉醫學解剖學知識的讀者也許會問，陰道壁基本上並沒有能產生分泌物的腺體，陰道壁又是用什麼方法產生這種潤滑物質呢？透過研究發現，在興奮期陰道周圍的血管充血，血管中的液體透過具有半滲透性的陰道壁上皮滲入陰道。原來，這種潤滑物質是圍繞整個陰道管的靜脈叢擴張並滲出的結果。

透過上面的比較還使我們注意到這樣一個事實，陰道壁的滲出反應出現在興奮期的早期，而前庭大腺的分泌物卻出現在興奮晚期或平台期，這點也提示了它在陰道的潤滑作用中不可能起主要作用。

性生活前奏

(一)為新娘脫衣的技巧

先愛撫，一邊擁抱，一邊說情話，然後輕輕褪去她的衣物。在以不傷害新娘自尊心的原則下，要以溫柔的接吻慢慢的開始營造氣氛。在準備要嘗試性愛的行為之時，有不少新娘會因為在意自己體味而恐懼、猶豫不決。約會時，或是愛的交歡之前，有的人一定會先洗個澡，但是在女性的魅力之中，一項不容易忽視的就是體味。體味有激發男性本能的功效。從你的秀髮、肌膚所散發出來的獨特氣味，以及和化妝品混合的體味，是任何一種香水都比不上的。

來自白襯衫的體味都能夠令你陶醉不已，所以你那獨具魅力的體味，也許正是能夠激發他更進一步的愛的行動的原動力。在舞會中或是客滿的電車中，發覺你的體味，能夠讓他再度體會你的魅力也說不定。

一邊親吻，一邊愛撫著頭髮、耳朵、頸項、背部，用一隻手從腰部到臀，而另一隻手則從側腹到乳房、乳頭，慢慢的向前推進愛撫直往性感帶而去。此時，手若停止愛撫而脫衣服的話，是極為煞風景之事。因此，仍要持續的愛撫，才可褪去衣衫。

不妨自行研究如何使手能不停止愛撫，而卻又能熟練的褪去衣裳的方法。另外，並不一定要照順序脫，比方說未脫去襯衫前可先解去胸罩的鉤子等，如此一來，反能帶給女性更興奮的感覺。

(二) 接吻的藝術

吻可以表示問候，表達親密關係，是做愛前的重要步驟。由於嘴唇和舌頭是身體最敏感的部位之一，因此，深吻也能使情欲高漲。嘴唇、舌頭和口腔都是敏感的部位，您可以變化接吻方式，有時溫柔些，有時可以粗暴些。

1．深接吻

深接吻是將唇輕輕打開，二齒之間略微分開。對唇內側的黏膜部位施予刺激，深刺激和感覺變得更為複雜。再加上吸吮的動作，會使興奮度變得更加微妙。深接吻必須避免鼻子的衝突，雙方的臉必須稍微傾斜，唇的角度也必須稍微分開。這時，丈夫的雙臂不妨繞著妻子的腰和脖子，如此就更容易進行接吻。

唇的角度傾斜時，雙唇易變為在對方上唇及下唇之間。

如果丈夫夾住妻子的下唇，丈夫的上唇會接觸到妻子下唇的內面黏膜，下唇則會接觸到妻子下唇周圍的皮膚，如此就會產生內外不同的觸覺感。這不同的感覺不僅來自於黏膜和皮膚的柔軟度，當唇張開時，還會接觸到對方的牙齒與牙齦，因此，也能分別感覺到黏膜的溫暖與牙齒的冰冷。此外，深接吻比起唇接吻只有皮膚的味道而言，再加上口腔的氣味與呼氣的味道，故會更複雜。深接吻時的吸吮具有獨特的觸覺，甚至對臉頰的肌肉都會產生影響。

這種觸感是透過吸吮的人與被吸吮的人同時產生的。二者之間，會因不同的印象而吸吮，當然也會伴隨著唾液的交換。深接吻的特徵之一就是濡濕，透過睡液的吞嚥，能增加味覺。借唾液的交流而更增加心理的親密感。

2．唇接吻

輕閉著唇，稍微突出的二人的唇幾乎是以相同的角度輕輕貼合。但是，這初步的接吻，具有一邊的唇可以輕壓對方的口角（唇端），或是雙方的唇朝左右摩擦等等這些技巧。

唇的感覺和舌不同，並不具有味覺，只有觸覺，但是觸覺非常微妙，而且唇面和顏面（唇周圍的皮膚）敏感度不同，尤其是以上唇中央的突起部分進行輕擦法，更具有獨特的趣味。唇接吻的另一特徵就是具有機動性，可以借著雨點般的輕吻落在對方各部位，例如：由唇至頰，乃至頸，而進入身體接吻。

唇接吻對皮膚嗅覺具有很大的意義。當唇接觸時，鼻子會互相接觸，因此來自對方口唇四周皮膚的味道，就會留下強烈的印象。如果是深接吻或舌接吻，這嗅覺也摻雜著口腔的味道和呼氣的味道。如果唇輕閉而進行接吻，則僅止於皮膚的嗅覺。

3・舌接吻

即法國式接吻，是比深接吻更加深入，而又立體的形式。

舌接吻是整個嘴巴張開，互相接觸，唇的接觸角度更為偏離，幾乎是直角並叉。丈夫須用手撐住妻子的頭，否則身體無法固定，妻子的臉必須要抬高，或是從丈夫背後附近接近丈夫腋下的上半身，有各種不同形態。

此外，上下牙齒也大大的張開，舌為主角。唇是固定的、舌卻能自由活動，產生推擠、吸吮等等的變化，舌尖給予對方齒列內側與舌內微妙的刺激時，就能充分發揮舌接吻的特徵。

但是，舌接吻的感覺，與其說是用舌去探索更深的上腔內側，還不如利用舌尖糾纏對方的舌尖更具有效果。

在不習慣時，由於興奮度高漲，因此會覺得呼吸困難。但如果二人已經習慣，則可以透過鼻腔呼吸持續相當長時間的連續接吻。

舌接吻的第二個要素就是牙齒。可以用自己的齒列之間捕捉對方的舌，或是輕咬，或是用舌尖用力的推擠對方的牙齒。

這捕捉可以一直持續下去，若稍微移動部位進行，則給予者與被給予者都能產生強烈的性刺激。但這時，絕對不能使對方感到疼痛。

使味覺與嗅覺發揮至最大的限度，因此必須體貼與禮貌。在食用過具有強烈味道的飲食，或喝過烈酒，以及因腸胃病與蛀牙等而產生口臭時必須特別注意。

4．耳接吻

在進行唇接吻時，可以有效的使用舌。溫熱的感觸與不會太強的壓迫，以此方式輕輕的吸吮唇，愛撫唇內側的濡濕處。除了唇外，便是髮際、鼻翼、臉頰及耳朵。

利用唇或舌舔耳朵或輕咬，或是夾在指間溫柔的搓揉著，會讓對方產生一種穌癢感，同時也會產生一種快感。

耳朵不只是一邊，對另一邊的耳朵，也要進行愛撫。下意識的使鼻子的氣息混亂，或是用口吹一些氣息，更具有效果。

5．頸項接吻

這部位有時會出現例外的現象，不過大多數的女性在這部位都會產生強烈的性反應。尤其是頸項髮際之處，更易感覺得到。從頸項傳達到鎖骨，然後再傳達到肩膀，中途會到達脖頸。脖子的皮膚柔軟，僅僅是在唇的吸吮下都可能會引起皮下出血（所謂的接吻記號）。這時的感覺比男性敏銳數倍。

6．乳房接吻

吻過上述的部位以後，下面是對乳房的吻，同時也可以利用手指愛撫其他部位。乳房是女性的象徵。任何一位女性都會很重視乳房，往往會很本能的用手遮掩乳房，或是用手按住加以保護。

乳房是性感帶，也是重要的性器官。一旦性感提高時，整體會變硬、膨脹，乳頭會產生凝痛感。首先，用唇接觸，重複輕微的摩擦。接著，含在口中，用唇的內側進行摩擦，最後用舌尖慢慢的旋轉，施予刺激。在進行以上的口唇愛撫時，手指也不要閒著一邊的手支撐著身體，另一邊的手可對腰、大腿內側、性器官等進行愛撫。

7．腰部接吻

慢慢的滑向腋腹，乃至於腰部。這部位的重點就在於內褲鬆緊帶的痕跡，這部位非常敏感。因此，在此之前，先不要脫掉內褲，留下痕跡較好。

在身體的接吻中，對肚臍的接吻也會產生奇妙的感覺。據說這部位會感到快感的女性，大多是屬於喜好重愛撫的人。不過，也有人不喜歡，因此必須根據對方的反應來進行。

在腰部骨盆的左右端（仰躺時突出的部位）即為重點所在，尤其是較瘦的女性較為敏感。

8．腋下接吻

從肩膀向手臂的外側，然後再轉向內側，滑至腋下。通常，觸摸著會覺得發癢，因此在感覺上也會形成一種快感。不過，毛過多有時反會造成感覺遲鈍。

9．腿部接吻

大腿內側的皮膚較薄，感覺較為敏銳。經常被保護著，不受到外氣的侵襲，是接近性器官的位置，所以感覺非常敏銳。腳線和手臂一樣，朝下時，是朝外側滑，朝上時，是朝內側滑。左膝的內側、腿肚的內側，腳的足踩或跟腱附近都是重點所在。

10．口交

談到口交，可能新郎並不討厭，但是一般新娘卻會嗤之以鼻。新娘雖然愛對方，但是她始終無法這樣實行。因此，在此稍微敘述一下，何以新郎會有這方面的要求。例如在以往的新婚性生活中，新郎是否會牽著新娘的手去觸摸陰莖，或是要新娘把臉湊到陰莖的方向呢？這就是一種對口交的潛在願望。希望新娘吻自己的性器官，可說是所有男性在內心的一種口唇性慾。在性慾中，口唇性慾可說是屬於最幼小型的，就好像吸吮母親的乳房時的感覺一樣。這種感覺是殘留在內心深處潛意識中的，新郎都會希望妻子親吻自己的陰莖。如果你能了解這一點，則希望身為新娘的你能滿足新郎的願望。

㈢愛撫的藝術

盡情享受彼此的觸摸和愛撫，是做愛的樂趣之一。了解愛侶的每一寸肌膚，尤其是平常不認為會產生欲念的地方，如手、臂、腳和小腿等部位。撫摸伴侶的不同部位，需要了解不同的方式，切記過於直接和粗暴，要特別留意伴侶的情緒喜好，講究愛撫的藝術。

1．乳房的愛撫

乳房輕捏法：拇指與食指好像挾豆子似的，或是利用食指與中指好像挾香菸似的，朝著乳房、乳暈、乳頭部位的方向輕捏。這就是乳房輕捏法。

旋轉揉開法：要稍微張開指間，利用中間的三根指頭輕輕的按摩乳頭部位，兩端的二指則稍微用力的擠壓，朝左右揉開的旋轉揉開法。這方法雖不會產生強烈的性刺激，但是指壓的觸感與壓迫感卻能產生誘導二次性興奮的效果。另一方面，丈夫能感受到乳房的量感與搖動感，能夠產生比妻子更深的感受。

全面壓擦法：乳房愛撫操作的第　步就是利用整個手掌按壓摩擦或摩擦整個胸部的全面壓擦法。分為對面位、單手進行或雙手進行。

注意事項：乳暈是僅次於乳頭，感受性較強的部位，要注意的是乳頭與乳暈因興奮而勃起時，動作要盡可能放輕、放柔。男性在興奮時，會很想要超乎必要的捏乳頭，但是勃起的乳頭非常敏感，需要溫柔的愛撫。

乳房愛撫的關鍵是乳頭愛撫。乳房中最敏感的部位是乳頭，因此效果最好。這時，不論是用哪一隻手指都可以，也可以用手掌，但是絕對不能太過於粗魯。最敏感的部位若給予過度強烈的刺激，反而會麻痺，使感覺遲鈍。此外，乳頭的感覺能透過時時刻刻產生變化的壓力與應用刺激來產生即能。因此，如果重複連續單調的操作，反而會產生痛苦。乳頭愛撫如用嘴唇的操作，則能更加提高興奮度，發揮前戲的效果。對於每一邊的乳頭，可以利用親吻與手指操作交互作用，或是對一邊的乳頭親吻，而對另一邊的乳頭進行愛撫，能使效果倍增。

此外，乳頭刺激與陰蒂操作同時進行，更具有刺激的作用。這種同時刺激不只是能給予一方刺激，也能提高另一方的興奮度。二者結合在一起，對妻子而言，就能達到前戲階段的最美妙樂章。乳頭操作不僅被當作前戲技巧來使用，並且也可以當作結合中的輔助動作；幾乎所有的性交體位都可以利用男性的手指進行乳頭愛撫，在進行性運動刺激同時，也可以進行乳頭愛撫，利用這相輔相成的作用，能夠使女性的興奮上升。

2．性器官的愛撫

結婚後，雖可快速的愛撫，但是於初夜時，則要多花一點時間進行。不可以急著結合，或是過於焦躁。換句話說，對新婚妻子的刺激不長時，黏液分泌不足，性交時會產生疼痛感，利用這種方法就可以避免這種情況的發生。未婚期間，愛撫本身就是一種目的，而婚後則是為了能順利做愛而做的準備，也就是被視為性交的前戲來使用。因此，必須花更多的時間進行愛撫。

小陰唇、陰道前庭、陰道口等附近非常敏感，尤其是陰蒂是對刺激最會產生反應的部位。陰蒂形狀極小，只有一部分的突出，但是卻是刺激的中心，與男性的龜頭一樣重要。

如果沒有充分刺激陰蒂，大多數的女性都無法達到最大限度的興奮。根據金氏記錄，百分之九十八的女性在陰蒂受到刺激時，都會產生反應。

由於先前所進行的各種愛撫，女性的性興奮已超過一定界限，陰部充血的現象也非常明顯，因此大陰唇與陰道前庭已經開始膨脹了。

大陰唇互相分開，進行陰蒂操作的準備已經完成。當然，也較容易接觸到外性器官前端的陰蒂了。陰蒂不僅會產生接觸的刺激，也會對於按壓的刺激產生反應。因此，在性交中必須接受來自於新郎恥骨與陰莖根部的接觸（摩擦）和壓迫，所以在準備階段時，通常是利用手指操作的。但陰蒂是極敏感的部位，因此必須避免粗魯的操作，一定要溫柔的操作，尤其是在新婚初夜。當陰蒂勃起時陰蒂龜頭會出現，如此就容易接觸了。

(四) 交合的藝術

不懂得性愛的人認為插入不過是將陰莖插入陰道，懂得性愛則認為插入無論從肉體上還是精神上都是重要的。愛撫為一對伴侶進入交合做好準備，而插入則為其決定了基調。

1．肉體上的考慮

交合開始動作要柔和，陰莖應牢固的放在陰道入口處，一直到陰道鬆弛。即使這時也不應立即將陰莖插入，而是將陰莖保持在陰蒂附近，直到女人清楚的表示出希望插得更深的信號。

她應使自己開始進入狀態，女方甚至可以更好的估計插入開始的最佳時間，這時完全可以（或者女方自願）將陰莖插入其陰道中，但是在做這件事時，她應注意男人的興奮程度。如果試圖插入時陰莖還沒有適當硬度，失敗的感受會使一些男人們完全喪失陰莖的勃起。

如果陰道沒有充分濕潤，千萬不要嘗試插入。這時進一步刺激或人工潤滑是必要的。但是即使已經適當濕潤，也並不意味著女人已準備好，最終標準是心理上的充分準備。

2．心理上的考慮

交合與支配和侵犯緊密相關，因為插入對方和被對方插入包含一些象徵的意義。在富有情感的、相互信任的並且自信的伴侶之間，誰被插入都沒有什麼關係。一旦陰莖和陰道接合起來，他們將分享其成果。但是男人們如果以插入來表示固執的支配感，那麼女人會視其為專橫霸道。如果一個女人顯示出對性交的占有行為，那麼男人將覺得被捲入一場力量衝突中。這對於雙方性快感的提高皆不利。有時候做愛和戲弄之間的感受區別是很小的。

性生活後戲

如果一頓美餐以餐後的布丁點心來反映，那麼最好用性高潮之後的後戲狀況來評價性交品質。交合並不因達到性高潮而終止。在性交的尾聲裡，生理的性興奮將減弱，做愛者的理智將重新恢復。即使是內心感到滿足，不再有慾望，接下來仍有後戲的技巧。這才是真正的休止符！

為什麼妻子需要後戲呢？這與需要前戲時的理由一樣。丈夫的肉體感覺會急劇燃燒，急劇消失，但是妻子會緩慢的開始，程度逐漸增強，達到絕頂，會比丈夫停留在巔峰狀態更久，然後再以緩慢的速度慢慢的恢復原狀。

在前戲時，受到丈夫的引導而達到高潮的妻子，在後戲時，也希望得到丈夫的精神之愛。前戲多半是肉體的、性的技術，妻子所要求的後戲大多是屬於精神的、心理的迴響。這是屬於女性的本質要求，如果丈夫連這一丁點要求都無法做到的話，那麼可見丈夫並不了解妻子真正的需要。

實驗觀察似乎肯定這一點，無論性交採取姿勢或達到性高潮的方式如何，男性傾向於立即休息，退出交合行為。而女人通常希望能更長時間安靜緊緊擁抱在一起。先前也有類似的說法，一些婚姻雜誌還強調這一階段。他們警告男人不要立即從女人身上下來，一扭身就呼呼大睡，應漸漸的退出性交狀態。同時伴隨著給對方以柔和的撫摩和疼愛，並且對女方需求寧靜的親密表示會意。

雖然性別相關的差異不應被過於誇大，但的確可以給男人們許多忠告：除非一個男人怕讓別人覺得自己軟弱，無男子漢氣息。否則他應該，並且可以像女人一樣對愛撫有更多需求的慾望。

交合的尾聲是一段靜靜回味的時間、散漫的想像，早期的性或其他方面的經歷漸漸浮上心頭，所以必須有相對的靜寂，但雙方不要粗笨的移開，這樣他們可以共用感情和思想。如果交合沒有達到完全成功，溫柔的情感交流能使他們恢復信心，並對部分失敗有所補償。但這絕不是診斷結論和統計打分的時候。即使性高潮是非常愉快的，但如帶有勝敗的感覺，則可能部分的破壞了對性的體驗。同時如果一方挑逗或玩弄對方，對方就會感到不快。據知交合後情人們所流露的更多的是涉及他們之間的相互關係，而不是先前的性活動。即使在最佳的情景，在性高潮後的階段中一方也可能有一種沮喪的失望感。

性高潮的後續部分標誌著性交交響曲的終止，或者是兩次性交間的插曲，插曲之後又一次融入愛撫中，即便是間斷的交合活動，基本上也會在記憶中相互連結起來。

性生活清潔處理

性交後的清潔處理，不單只是要保持性器官的清潔，同時和女性的避孕、懷孕也有關係。清潔處理不徹底的人，在日常生活中也大都是極為懶散的人。此外，前述的陰莖的發炎等，同時和女性的各種婦女病也有關係，所以必須特別注意。

清潔處理的習慣中，只清洗下半身也是正確的方法。有人可能使用洗淨器，雖可清潔外陰部，但對陰道內的清洗，往往會連陰道內必要的細菌也洗掉了。此外也可能被有害細菌所感染。陰道有自淨作用，所以請注意不要以洗淨器來破壞其特有的功能。

性交終了後，男性陰莖由陰道中拔出的清潔處理由女性來做，則男性會極為感激。

女性用手在大腿內側或外側取二～三張衛生紙。左右手都同時拿二～三張。將右手的衛生紙由下側包住陰莖，然後輕捏著，將陰莖由陰道中拔出。然後右手的衛生紙便置於自己（女性）的陰道及性器官周邊，防止分泌液流出，夾緊雙腿。男性則讓女性引導自己的身體，在女性拔出陰莖的同時，將腰部上提以協助之。接著，女性以左手的衛生紙包住男性的陰莖以抑制分泌液的流漏。做好這種清潔處理，床單睡衣等就不會被分泌液汙染了。

在擦拭女性性器官時，由陰道流出的精液及分泌液會經由陰部透過肛門流至臀部。因此在會陰部附近擦拭陰莖可減少分泌液之流漏。必要的是，要將性交後的清潔處理當成是性交的餘韻來進行。

有女件認為男性的射精在二～三回的抽播後即終止，這是錯誤的想法。射精並非在一次之內便一滴不剩的全部排泄出來。在射精後的陰莖消退期中，精液也會有少許流出。女性性器官的分泌液也會留在陰莖上。因此，不要只擦拭陰莖一次即終結，需以衛生紙包住陰莖全體。

男性可以向上躺臥，以便女性的清潔處理。女性半身坐起。此時可取下生殖器上的衛生紙，而將二～三張新的衛生紙搓成圓狀，在陰道入口以止血栓子形狀夾住。若不如此則留在陰道內的精液會在坐起時流出來。利用衛生紙擦拭具體方法如下：

（1）**疊好三～四張衛生紙，將中央蓋在陰莖前端**。然後用大栂指、食指、中指輕握住陰莖基部，靜靜的將衛生紙前端做成袋狀，順著包皮向前擦。

此時注意不要碰到龜頭。不可將衛生紙夾於包皮與龜頭之間。陰莖全體因為有分泌液而極為濡濕，所以只要記得要領，便可利用此濡濕狀態輕輕的順利完成第一步的操作。

男性在射精後陰莖被觸碰時會有搔癢感。特別是射精後的龜頭很敏感。盡量不要碰到龜頭，要注意清潔處理的訣竅。衛生紙之所以要做成袋狀也是此故。如此即使不碰到龜頭，也可將精液處理乾淨。

（2）**接著要將包皮弄回前端**。此時捏住包皮的一部分，請用力捏，讓陰莖在包皮覆蓋下延伸。以圓狀衛生紙輕碰陰莖前端至基部，用力擦拭。此時用力亦無關係。男性並不會因此感到疼痛。相反的，如果輕輕擦拭，男性反而會感到搔癢。在陰莖的皮膚部分清潔之後，接著將前端的包皮前後左右移動以充分擦拭陰毛部。此部位最易受分泌液之汙染，因此要特別仔細擦拭。同時也要輕擦陰囊。

（3）**射精後進入消退期的陰莖，包皮會因收縮而包住了龜頭**。因為分泌物留在包皮中，所以會引起發炎或搔癢。此處是分泌物最易殘留的部分，是男性性器官中最敏感之處，因此在擦拭時要特別注意。

此外，最易造成不潔之處為冠狀溝。在擦拭此處時不可在中途觸碰之。此外，也不要用摩擦式的擦拭。應首先讓龜頭完全露出，接著以一手的食指支持住陰莖，另一手將衛生紙弄成回棒狀，輕碰般壓迫而不要摩擦，以去除汙垢。若壓迫感太弱則男性會感到搔癢。

某種程度的用力是必要的，只是此處的清潔，男性（特別是年輕男性）不慣於自己做，因此要由女性來擦拭。一般在性交終了後的男性陰莖、女性性器官在被觸碰時都會感到搔癢。而其程度則女性比男性強。

另外可用熱毛巾擦拭的方法。此方法的缺點是女性必須下床去準備熱毛巾。但從清潔的觀點來看，此方法比用衛生紙更佳。

首先應讓男性向上仰躺，在陰莖上放二～三張衛生紙，以防汙染了床單。然後下床去準備熱毛巾。

在裝熱水的洗臉盆內放入毛巾，然後迅速擰乾。擰乾後打開毛巾，手持兩端，用力彈拉二～三次，即變成剛好適用之溫度，將毛巾對折。除下陰莖上的衛生紙，放上熱毛巾。此時男性會感到稍熱，但此為適溫。接著靜靜的以兩手壓在毛巾上面擦拭陰莖。在壓迫上沒什麼要領，主要訣竅是由陰莖周邊慢慢的向上擦拭至陰莖的莖部。毛巾的縫隙比衛生紙大，所以可以壓迫龜頭，而陰莖的莖部或陰囊部則因毛巾的濕潤而輕拭即可除去汙垢。這樣做並不會令男性感到疼痛。

性生活的次數

性生活是夫妻生活中很自然的事情，也是新婚夫妻生活中重要的組成部分。性生活是一個複雜的生理和心理過程，涉及到男女雙方，因此，性生活的次數怎樣掌握，是比較複雜的。

一般來說，適度的、和諧的性生活，可以使新婚夫妻感到精神愉快、心情舒暢，促進夫妻感情的建立和鞏固，使新婚夫妻有充沛的精力去從事自己的工作。過度的、不和諧的性生活，對身體健康不利，影響工作和勞動，也影響夫妻關係。可見，科學掌握性生活的次數，使性生活適度，是十分重要的。

性慾是受年齡、體質、性格、職業、氣候、環境、情緒等諸多因素影響的，每對新婚夫妻都有各自的特殊情況，因此，每對新婚夫妻的性生活次數也不一樣。性醫學專家做過研究，有數字顯示，身體健康的青年人結婚後，每個星期過二～三次性生活是比較合乎性生理和一般人的性需求的。但是，由子青年人的個體間差異較大，有些人精力旺盛、體力充沛，新婚期性興奮高漲，每晚一次或幾次也是有的。新婚期過後，會逐步減少到正常的次數。隨著年齡的成長，性生活的次數一般是逐漸減少。

新婚夫妻性生活的次數是否適合，可以透過性交後的自我感覺作為判斷標準。比如：新婚期每個星期性交三次，每次性交後，第二天夫妻精神飽滿、精力充沛，並無疲勞的感覺，工作勞動都有勁，心情舒暢，這就說明性次數適合。如果每次性交後，第二天雙方或一方精神不振、四肢酸痛、頭昏腦脹、疲憊不堪等，這就說明次數不適合，可能是過度了，必須加以調整和控制，否則就會損害身體。新婚夫妻之間，體質上可能有差別，性格、職業不一定相同，工作承受的壓力也有差別，這些不同的因素會造成夫妻之間對性生活次數的要求有差異。這就要求性慾較強的一方能體諒和遷就較弱的一方，共同協商安排好性生活的次數，不要勉強性慾較弱的一方。夫妻間的性生活是以夫妻互愛、互諒、合作為基礎的，勉強對方滿足自己的要求，常常造成對方的反感。特別是對方體質弱或情緒低落時，強迫對方性生活，常常會傷害對方的感情，從而影響夫妻關係。

性生活過於頻繁，從生理上說會使人體質下降，過早衰老。縱欲過度，還可能引起性功能障礙。從精神心理上說，沉湎於頻繁性生活的人，常常對工作、對事業產生負面影響，使人意志衰退、精神不佳。新婚夫妻對此要引起警惕，無論身體如何健康，性慾如何強，性生活都要適度。一般在新婚初期還是以每個星期二～三次，新婚期過了以後，以每個星期一～二次比較合適。專家研究認為，性生活有一定的間隔，有益身心健康。夫妻每星期一次性生活，比二～三天一次性生活，更容易引起衝動，能增加夫妻間的親昵、性愉快與性滿足。注意隔一段時間性生活，是夫妻性和諧的重要因素。

男強女弱怎麼辦

每個人的性慾強弱都與其年齡、健康、精神、情緒、環境以及夫妻雙方感情深淺等因素有關。健康男子從性交開始到射精，能保持三~五分鐘，都屬正常範圍。有的人保持十分鐘以上，甚至半小時、一小時，也是正常的。

在性生活上，男女享有同等的權利。如果丈夫性慾較強，妻子應主動配合，在性交過程中，採取各種撫愛動作，觸摸女子的性敏感部位，使愛妻能更快的達到性高潮，更早的完成射精；如果丈夫的動作過於魯莽，妻子感到不舒服，應直接告訴丈夫，讓丈夫在力度、頻率、體位方面做出必要的調整，以減輕女方的壓力。對此，女方絕不能害羞害怕，不敢或不做任何表示而總是被動的忍受，那是痛苦的，不僅自己難以體驗到性快感，也不可能使性生活達到和諧美滿。

如果丈夫只顧自己滿足，不知體貼妻子，妻子除耐心規勸外，最好還是巧妙的周旋，靈活機動的採用一些丈夫願意接受的方式，如親吻、擁抱、甜言蜜語等，以此暫時避開性交。

另外，明知丈夫性慾過強，性交前應多做一些準備，透過親吻、擁抱、撫摸性敏感部位、甜言蜜語等，使自己充分調動起性衝動，陰道滲出較多的分泌物，就可減輕或消除性交痛苦。

作為丈夫，更應關心和疼愛妻子，不管性慾多強，首先要克制自己，其次是性交動作要輕柔些，絕不可粗暴魯莽。只要夫妻恩愛、互相體貼，丈夫性慾再強，也不會影響性生活，反而會更能滿足妻子的性需求。

女強男弱怎麼辦

不少已婚男子對性愛不再像蜜月時那麼富有熱情，有時甚至感到索然寡味，像完成某種任務一樣，如果妻子積極主動，性慾亢奮，則更加澆滅了他原有的熱情。其實，這不是病，只是婚後性慾不可避免的減退現象，問題的關鍵是心理調節上存在偏差和某些錯誤認識，甚至出現陽痿、早洩。

女強男弱是夫妻性生活中最常見的現象，丈夫射精過早，無法使妻子達到性高潮，對此，做妻子的應了解丈夫、理解丈夫，用火熱的情感去溫暖丈夫的心，減輕丈夫的心理壓力，幫助丈夫樹立可以治癒的信心。

這裡介紹一種性感集中練習方法。雙方撫摸身體某些部位，將注意力集中在肉體感上，而不性交，不要過多想其他問題，也不要過多談話或過多考慮這些行為的目的而影響感受。若不能勃起主要是因為害怕性交。如果能消除緊張害怕心理，在性感集中時，男子就會勃起，並可樹立起自信心。

應當注意的是，出現勃起，不要急於性交，否則，由於性交思想壓力增加而出現性焦慮，使勃起很快消失。在性感集中接觸階段，建立勃起反應，且陰莖勃起堅硬時，妻子應停止撫弄陰莖，待勃起消退，再進行撫摸，使陰莖再次勃起。反覆進行，使丈夫產生足夠的勃起功能，可能的話，再把陰莖插入陰道，一次成功，信心百倍，可收到良好效果。

正常性生活有益於人的身心健康，如果長期禁慾將導致性功能抑制性降低，並會發生勃起功能障礙、早洩等性功能障礙。肌體抗病能力下降，白血球減少，出現性情憂鬱，整天愁眉不展，懦弱膽小或易怒、煩躁不安、頭暈頭痛、失眠健忘症狀。原來的性格發生改變。失去自信心和青春活力。影響夫妻感情及家庭和美。

男女交合有十機

明代著名醫學家張介賓所著《景岳全書》六十四卷，其中〈十機篇〉認為男女性交必須掌握十機，不僅可使性生活高度和諧，而且還能順利的受胎懷孕，獲得子女。十機的具體內容如下：

一曰闔辟，乃婦人之動機也。氣靜則闔，氣動則辟。講的是交合時期，不能太早，也不能太遲，要掌握火候，恰到好處。人約在女子月經去盡一週後的幾天內交合，其受孕的可能性最大。

二曰遲速，乃男女之會機也。遲宜得遲，速宜見速，遲速不一，固者遲，不固者速。講的是男女性慾之別，一般來說，男子性衝動急速，女子性衝動遲緩，性交時應彼此配合，男方要善於克制，女方應主動加速，促使遲速一致，同時達到性高潮。

三曰強弱，乃男女之畏機也。陽強陰弱，則畏如蜂蠆，避如戈矛；陽弱陰強，則闖風而靡。講的是男女性功能有強弱之分，男強女弱，則女畏男，男方要善於撫愛，以盡快激起女方性衝動，不可粗暴魯莽，只顧自己；女強男弱，則男畏女，女方要善於撫慰，不可抱怨、批評，雙方互敬互愛，密切配合。

四曰遠近，乃男女之器機也。或以長材排闥，唐突非堪；或以偷覷跽門，敢窺堂室。講的是性交的深淺，陰莖插入過深過淺都不適合，應使女方滿意，男子舒暢為好。

五曰盈虛，乃男女之生機也。腎有盈虛，蓄則盈，泄則虛。講的是男子平時要蓄積陰精，性交時方能有所泄瀉，不能只積不泄，更不能只瀉不積，否則對身心健康不利。

六曰勞逸，乃男女之氣機也。勞者氣散而怯，逸者氣聚而堅。講的是性交前，從事勞動或工作不能過累，要注意休息，性交頻率要適當，有所節制、養精蓄銳、以逸待勞。

七曰懷抱，乃男女之情機也。情投則合，情悖則離。講的是男女性交前必須情投意合、互相恩愛、情緒愉快，才能取得滿意的性和諧。

八日暗產，乃男子之失機也。勿謂我強，何虞子嗣？勿謂年壯，縱亦何妨？講的是早期流產不僅與女方體質有關，更重要的是與男方對待房事的態度有關，極情縱欲，性生活過濫，是造成女方流產的重要原因之一。

九日童稚，乃女子之時機也。方苞方萼，生氣未舒，甫童稅笄，天癸未裕。講的是男女未發育成熟不宜交合受孕，年老體衰者也不宜交合受孕。

十日二火，乃男女之陽機也。夫君火在心，心其君主也；相火在腎，腎其根本也。二火相因，無聲不應。講的是性交應順其自然，只有陰精充滿，腎氣旺盛，才能自然產生性交的要求。這叫「先腎後心」，房事就能堅持。如果「先心後腎」，腎元虧損，陰精虛耗，房事很難進行。

節慾養精之法

寡欲——節制性慾，精盈體健。節勞——過度勞累，損精耗血。靜心——情緒穩定，不急不躁。戒酒——酒興人房，縱欲耗精。慎味——調養脾胃，健體強腎。

正確認識新娘的呻吟

一些女子在性生活過程中，發生「呻吟不安」現象，這只是性快感高潮時的表現形式之一，而不是疼痛不適引起的。為什麼女子在性生活過程中會發生「呻吟不安」的現象呢？

性醫學專家曾對此做過研究，研究結果顯示，女子性快感高潮的表現類型多種多樣，極其複雜，性生活過程中呻吟這種現象，只是多種多樣類型中的一種，屬於性快感高潮中的「呻吟不安型」女子在性生活過程中「呻吟不安」，往往是在極度興奮、意識輕度模糊的狀態下產生的，並不是故意的，而是不隨意的，不能自我控制的一種性快感高潮的表現。

在性生活過程中，由於夫妻雙方全身心的愛的交流，高度的性興奮；全身的肌肉會發生許多變化，主要是肌肉緊張度的改變。性交開始時肌肉敏感性增加，隨著性交的進展，肌張力增強，最後會發生不自主的抽搐或抖動；部分肌群呈劇烈的節律性收縮，而出現性快感高潮。有些女性在性交達到高潮期時，喉頭肌肉產生痙攣而不自主的加大呼吸幅度，呼吸速度也大大加快。由於大幅度和快速的呼吸，空氣出入痙攣的喉頭聲帶時，就會發出呻吟聲。有些女性為了緩解和減輕喉頭肌肉痙攣所產生的喉頭緊張不適感，便不由自主的發出呻吟。所以呻吟也是性快感高潮效應的表現之一。

一般說來，性快感高潮越強烈的人，發出呻吟聲的現象就越明顯。當然，並不是所有女性都發出呻吟聲，女性性快感高潮的表現是多種多樣的，不能以此為依據作為衡量女性是否達到性快感高潮的標誌。

有些夫妻由於感情不和，丈夫勉強妻子性生活，在性交過程中可能會發現呻吟聲；有些女性在暴力侵害下性交會發出呻吟聲；有些女性在性交時，由於會陰被撕裂、陰道損傷，產生劇烈的疼痛感，也會發出呻吟聲。但這些現象和女方由於達到性快感高潮而發出呻吟聲有著本質的不同，不要混為一談。其實，前面幾種表現和後一種表現很好區分，前面幾種表現在性生活結束後，女方常常感到委屈、痛苦、情緒不佳、反感、怨恨；而後一種表現在性生活結束後，女方常常會感到十分滿足，心情舒暢，更增強了夫妻的感情。

總之，在性生活過程中，女方發出呻吟聲，不要害怕，要注意細心觀察和體會。也可以夫妻雙方一起交流，使性生活過得更加和諧美滿。

性高潮缺乏如何治療

對於器質性原因引起的性高潮缺乏，主要是根據各種不同的原因治療原發病變。對於心理性因素引起的性高潮缺乏，在治療時除應針對上述病因「對症下藥」外，還需注意以下幾個方面的問題：

（1）**形成正確的性認識是治療女性性高潮缺乏的關鍵**。為此，應學習一些性知識，諸如生殖器官的部位、性反應期間出現的各種變化等。應當懂得，即使是同一個人，每次性高潮的強度變化也很大。若一心尋求反應劇烈的性慾高潮，往往還要懂得，性慾與生物學及心理社會因素是密切相關的。因此，感情受到干擾以及疼痛或飢餓等引起的身體不適等，都能對性生活有所影響，都應在盡量避免之列。

（2）**積極主動為了獲得性高潮，女方在性生活中應採取積極主動的態度**。這主要包括：認識自己所喜歡的性交方式和刺激部位、性交時的心理反應，對應用什麼樣的行動來配合自己能增強刺激等。要主動把自己的願望要求告訴男方。例如：當男方已射精而女方還沒有獲得性高潮時，女方可以告訴男方，如果他能繼續撫摸女方的陰蒂，可使女方繼續興奮下去，直至達到性高潮等。

（3）**共同商討**。有許多夫婦，在經過了性交前奏曲後，對什麼時候開始性器官結合往往不能看好「火候」，事實上，這一點對於能否達到性高潮也是非常重要的。因為女性性興奮並非持續不變，興奮強度亦非越來越高，若時間延長超過了一定限度，女性的性興奮也會減弱下來。因此，性生活不但要求雙方互相了解，還要求雙方能共同研究，總結經驗。夫妻雙方越是互相尊重對方性生活的反應方式、願望、習慣與愛好，就越能使對方達到性高潮。

（4）**誘發女性性高潮產生的性感集中法主要包括兩個方面**：其一是在性生活開始時暫

不刺激生殖器和乳房；其二是讓夫婦學會非言語交流的技巧，即當進展到觸摸生殖器時，夫婦彼此輕輕把手搭在一起，以進行觸摸的非言語性暗示。以事先約定好的輕重暗示丈夫撫摸時用力的程度或部位，避免因講話而沖淡愉快的感覺。性感集中練習加深了夫婦對性生活的認識：性生活是夫婦共同參加的。這種暗示，使丈夫明白了妻子喜歡的撫摸方式，部位和時間長短，而妻子則能夠無聲的表達自己的感覺。

⑸ **肌肉練習法全稱「恥骨尾骨肌肉練習」**。恥骨尾骨分布在陰道口周圍，這種練習的原理是透過陰道區的敏感性來獲得性高潮。它對分娩中已有恥骨肌肉擴張現象或恥骨尾骨肌肉較瘦的女性尤為有益。具體練習方法是：雙腿分開坐在便盆上，以時停時排尿的方法鍛鍊恥骨肌肉。控制排尿的肌肉就是恥骨尾骨肌肉。每天做六次，每次收縮肌肉十下，並逐漸增多。

講究性生活技巧常可促發性高潮。為此，可採用女上位姿勢，先用陰莖摩擦陰唇、蒂和會陰部，以促發感情和體驗感覺。當女方從精神上、身體上都做好準備後再性交。

性生活時間不宜過長

夫妻性生活時，從雙方性興奮開始到射精結束，正常情況下，持續時間大約五～十五分鐘。當然，每對夫妻的身體情況、性生活習慣等並不相同，就是同一對夫妻每次性生活的具體情況和環境條件等也不一樣，因此，每次性生活的持續時間到底要多長才合適，很難定出一個標準。

有人認為，每次性生活時持續時間越長，越能獲得性滿足。這種看法並不符合邏輯。性生理研究表明，一次性生活的時間持續得很長，對雙方的身體是不利的。

(1)性生活時，不僅男女雙方性器官處於高度充血狀態，而且從性興奮期到高潮期，人體的許多組織器官都參與了這一特殊的生理過程，例如：全身肌肉緊張度明顯增強，心跳加快，心肌收縮加強，血壓升高，呼吸加深加快，全身皮膚血管擴張，排汗增加等等，因而肌體的能量消耗明顯增加，代謝增強。如果性生活的時間拖得很長；就會使人體的能量消耗過多而令人感到疲憊，甚至使男女雙方出現精神倦怠、肌肉酸痛、腰背發酸、全身乏力等不適。這樣勢必影響第二天的工作和勞動。

(2)性生活時，男女雙方的性器官在高度充血狀態下密切接觸和活動，如果時間過長，容易引發各種疾病。臨床證明，性生活持續時間過長，女性比較容易引起泌尿系統感染、月經紊亂等，男性比較容易引發前列腺炎等。

上述兩點說明，一次性生活的時間持續過長，無論是對男方還是對女方的身體使人罹患疾病。

有些青年人性慾旺盛，總想在一次性生活過程中，獲得極大的性滿足，因此，有意識的控制射精時間，在妻子的性高潮過去後，還企圖想使妻子出現第二次性高潮，這樣做是很不合適的。當然，女性的性反應過程比男性遲緩，如果從性興奮到性交結束的時間過短，夫妻間相互調動性慾的階段急促，性生活持續不到一兩分鐘就射精，女方尚未達到高潮期，這樣短促的性生活，通常會引起女方的不滿足感。如果每次性生活持續的時間都過分短促，女方就會因為得不到滿足而影響夫妻間的性和諧。因此，性生活持續時間也不能太短。

總之，為了夫妻雙方的身體健康和性生活和諧，每次性生活的持續時間，應以雙方感健康都會造成影響，輕則使人身體不適，重則到已獲得性快感為止，不可無節制的人為延長時間。

夫妻性生活禁忌

合理、適度、和諧的性生活，對增進夫妻之間的情感和維持美滿幸福的家庭都是一個重要因素。但是，由於一些人缺乏必要的性生活衛生知識，貿然行事，結果給雙方的身心健康帶來很大的危害。一般來講，夫妻在以下情況不宜性生活：

1．無性慾忌性生活

合理、和諧的性生活，應在雙方有要求的情況下進行。如一方因種種原因而不願性生活時，另一方則不可勉為其難，以免造成雙方反感心理產生。但是，如一方有要求時而對方無特殊情況則不宜壓抑拒絕。夫妻雙方應相互體諒，讓性生活為身心健康帶來裨益。

2．清晨忌性生活

一般來講，性生活在晚間十二點以前進行較適宜，性生活後既可寧靜入睡休息，又符合人體的生物節律，對身體有益而無害。一日之計在於晨，清晨是人們一天學習、工作的開端，是一日中的黃金時間，如此時進行性生活，又會因得不到適當的休息而使體力得不到恢復，所以，清晨一般不宜性生活。

3．疲勞忌性生活

人的疲勞有體力和腦力兩方面的含義。如連續幾天幾夜的寫作、計算、複習、思考會導致大腦疲勞；而高強度的生產勞動、體育競技、長途步行後會使體力驟減而使人處於疲勞狀態，如此時進行性生活，對於男方來講，可能因精力、體力的不支而影響性功能，極易誘發早洩、陽痿及縮膾（陰莖內縮）症。而女方可因身體疲勞而厭惡性生活，甚至在性生活中有陰道痙攣疼痛感。經常如此，女性會出現性冷感。因此，民間的一句俗話：「百里不同房，同房不百里」是有一定道理的。

4．患病忌性生活

患病不宜性生活：夫妻雙方不論是誰患病均不宜性生活。因為人患病時精力、體力明顯下降，若此時進行性生活，不利於身體的康復。特別是傳染病患者，可因性交而將疾病傳染給對方。此外，女性的滴蟲性陰道炎、男性的泌尿系統感染，均應治癒後才可性生活，以免引起交叉感染。

5．女性經期忌性生活

民間通常把月經期性生活視為大忌，即所謂「MC」。月經期性生活，對男女雙方確實沒有什麼好處。因為女性在月經期身體各部位會發生一些變化，大腦皮層興奮性降低，全身抵抗力也比平時差，而且子宮內膜破裂、脫落，子宮內腔的表面形成一個傷口，有些血管開放外露，整個盆腔充血，子宮口張開，陰道酸度降低。如果在月經期性生活，會因性興奮使局部受刺激，導致月經經量增加，經期延長，加重月經不適症狀。而且由於局部抵抗力降低，加之充血，若性交把細菌帶入生殖器，很容易引至盆腔感染，引發子宮內膜炎、輸卵管炎及盆腔炎等，給女方帶來長期的痛苦。經期身體抵抗力低，更容易發生泌尿道感染。如果原來有慢性盆腔發炎時，在月經期性生活會使慢性發炎急性發作，出現發熱、下腹痛、腰痛、白帶多等，嚴重的還會引起敗血症。同時，月經分泌物進入男子尿道，男方也會引起尿道炎、前列腺炎、精囊炎等泌尿系感染。所以，月經期一定要節制性衝動。

6．孕期忌性生活

妻子妊娠的早期和晚期亦應避免性交。如果此時發生性交，刺激子宮收縮，可引起妻子腹痛、流產、流血以及早產等情況，對婦女和胎兒都有害。

7．產後忌性生活

孕婦分娩後，陰道處於損傷狀態，子宮內膜也因胎衣剝離而處於創傷狀態，若此時急於性交，可誘發產褥感染而危及產婦的生命。所以，如果是陰道自然分娩，至少要在一個半月後才能性生活。

8．酒後忌性生活

新婚夫婦在親朋滿座的酒席宴前，習慣上必須飲酒助興。要知道，這是一種不可取的壞習慣。按照科學的觀點，新婚夫婦忌飲酒，否則將直接危害下一代。據研究發現，酒裡的酒精對發育過程中胚胎的危害，遠較過去知道的嚴重，這些在過去恰恰一直被人們所忽視。動物試驗證實，動物在受孕前後，吃了含酒精的飼料後會導致細胞染色體異常，從而引起自然流產。

科學家們認為，男子在同房前飲酒，可使其精子發生異常，進而危害胚胎的形成和生長。而女子若在受孕前後飲酒，則會損傷受精卵，使染色體異常，引起：胎兒發育不良，甚至流產，或嬰兒出生後反應遲鈍、智力障礙、性格異常、身材：矮小、臉部畸形、體重低下等。這種現象醫學上稱之為「胎兒酒精症候群」。

有的青年夫婦為了達到性生活和諧，每天晚上以酒助興，這種做法是不可取的。要知道酒精進入血液後，首先破壞大腦皮層的抑制過程，大大降低了正確認識客觀事物的能力，男女之間往往會酒後失常。另外，酒精對男女性功能有致命的破壞作用。

9．心情煩悶時忌性生活

有些夫妻在一方情緒不佳時勉強性生活，這樣，不僅得不到性生活的和諧，還會使情緒不好的一方對此反感，如反覆發生會導致女子的性冷感或男子的陽痿。美滿的性生活必須是男女雙方在心情愉快時完成的。

10．環境差時忌性生活

在汙濁、髒亂不堪的環境裡性生活，會影響男女雙方的精神狀態，干擾性生活的成功；性器官不衛生給對方的健康構成威脅，容易將其上面的細菌等病原體帶入對方體內，損害雙方的健康。相反，整潔、賞心悅目的環境，及每次性交前雙方都清洗下身，不僅有益於雙方的健康，還有助於性生活的和諧美滿。

11．精神緊張時忌性生活

在性生活中，精神過度緊張的情況多見於新婚夫婦。由於精神極度緊張或過於羞怯，易引起男方的早洩，或女方性交時疼痛（陰道痙攣），影響快感。夫妻性生活時，要盡量保持輕鬆、愉快的心緒，女方也不必為此感到羞怯，因為性生活是男女雙方的事，是平等的，沒有主從關係，所以女方應積極主動的與丈夫密切配合，這樣才能保證性生活的品質，使性生活過得和諧、盡意、美滿。

12．同房忌中斷性交

有的新婚夫婦為了避孕，常常採取突然中斷性交或體外排精的方法。殊不知這對夫妻雙方都是十分有害的。古人也將它列入夫妻同房之大忌。

性科學指出，夫妻性交時，透過大腦將性興奮傳遞到脊髓的勃起中樞，使陰莖勃起，加上龜頭部摩擦，使性興奮進一步發展和累積，從而激發射精神經中樞而射精，使性慾達到高潮，射精後性慾便迅速減退或消失。這就是同房時男性的正常、健全的性反應過程。

如果男子在性交中途突然停止，也就是射精中斷，而使性衝動和性興奮減低，以致造成不射精或射精不全。

這時精囊也不像正常性交射精後完全空虛，依然充血，性交的慾望也依然存在，尿道球腺和前列腺仍處於充血狀態。如果反覆時間長了，精囊、尿道球腺和前列腺因慢性充血而使勃起神經中樞不斷受到刺激，起初由於過敏導致早洩，往後會使大腦性中樞功能失調，呈抑制狀態，最終可能引起陽痿。

性交中斷，對女方傷害更大，因為經常採取性交中斷方法，可使女方因性交不能達到性高潮，致使興奮充血的生殖器官不能緩解鬆弛下來，久而久之很容易發生盆腔充血症，導致下腹痛、腰痠、月經過多、痛經等病症。在心理上，由於妻子已達到了相當的興奮並實際進入亢奮狀態，但由於丈夫突然抽出陰莖，性交中斷，也就沒有真正的亢奮可言，因此就達不到性興奮高潮和滿足，熾烈的性慾望迅即受到破滅，而產生難以言狀的失望和痛苦。如果這種傷害反覆發圭就會產生難以彌補和治癒的心理創傷，性冷感、性麻木也就隨之伴生。有故性寧家指出，性交中斷對妻子實質上是一種犯罪行為。

由此可見，採用性交中斷或者體外排精的方法來達到避孕的目的是不可取的，夫妻雙方應採用既安全有效又無副作用的避孕方法。如果是因同房的環境不好，容易受到干擾而經常造成性交中斷，就應從改善夫妻的同房環境、加強隱私性入手，以保證每次同房的順利進行。

13·性交後忌喝冷水和洗冷水澡

夫妻性生活時，雙方精神都高度緊張，神經異常興奮，軀體活動劇烈，耗費較大的體力。性生活剛剛結束時，常常會全身出汗，感到口渴、燥熱，很想喝水、洗澡。但是，這時不能馬上喝冷水、冷飲，也不能馬上洗冷水澡。否則，對身體健康不利。

性生活剛剛結束時，馬上喝冷水、洗冷水澡為什麼會對身體造成損害呢？

在性生活過程中，全身的血液循環加快，胃腸道的血管處於擴張狀態，在胃腸黏膜充血尚未恢復常態之前，如果馬上喝冷水或冷涼飲料，冷水或冷涼飲料進入胃腸內，會使胃腸的黏膜突然受到冷刺激而收縮；破壞了胃腸道血管恢復常態的生理過程，使胃腸道的黏膜受到一定的損害。冷刺激還可能引起胃腸不適或絞痛。

在性生活過程中，全身的皮膚血管也充血擴張，汗腺毛孔均處在開放排汗狀態，如果這時覺得渾身汗膩、燥熱難忍，馬上就洗冷水澡，潮紅的皮膚受冷水刺激，皮膚的血管會驟然收縮，使大量血液流回心臟，加重心臟負擔。冷水刺激皮膚，還會造成汗腺排泄孔突然關閉，使汗液排不出去而儲留在汗腺內，這都對身體健康不利。有些人在性生活過程中，身體活動劇烈，全身汗津津的突然用冷水沖洗，會使身體受寒而容易誘發感冒。

綜上所述，性生活剛剛結束時，馬上就喝冷水、冷飲或者洗冷水澡，對身體都是有害無益的。如果感到口乾舌燥、口渴難忍，可以飲少量溫熱的開水。如果是在夏季性生活，天氣炎熱，很想喝冷涼飲料，也應該在性生活結束後一小時左右，待身體各系統器官的血液循環恢復常態之後，再喝冷飲才好。為了除去身上的汗漬，也應在性交結束後一小時左右再洗冷水澡為宜。

一般來說，性生活後，無論是丈夫還是妻子，精力、體力都消耗較大，會產生疲乏感，亟欲入睡，不宜起床大洗大喝，忙這忙那，否則容易妨礙休息，對消除疲勞、恢復身體不利。最好的辦法是根據夫妻的習慣和特點，在性生活前做好準備，在性生活後，用溫水洗一洗外陰部，喝一點溫熱開水等，隨即迅速入睡，保證第二天精力旺盛的照常工作和勞動。

14．飯後浴後忌立即同房

有些新婚夫婦情意綿綿、性慾旺盛，房事缺乏科學安排和調節，下班回到家裡，匆匆忙忙的吃飽飯或洗完澡，未休息片刻，就性生活。這種情況不僅會使性生活品質下降，時間長了，次數多了，還會影響身體健康。

性醫學研究認為，吃飽飯和洗完澡後，不適宜立即性生活。其原因主要有以下幾點：

（1）吃飽飯後，大量的食物進入胃腸裡，會驟然增加胃腸的負荷，為了保證食物的及時消化、吸收，在大腦中樞神經的調節下，就會動員體內更多的血液進入胃腸內，促進胃腸蠕動。與此相同，洗澡時，全身皮下血管會充分擴張，暫時儲存較多，剛剛洗完澡，皮下血管仍在充分擴張。如果飯後、浴後立即性生活，性器官不會有更多的血液供應，可能會出現一時供血不足的現象。但是，性生活時，必須有大量血液流向性器官，使性器官充分儲血，才能保證正常的性生理反應，也才可能使性生活的品質得到提高。因此，吃飽飯後和洗澡後立即同房，常常會使房事品質下降，雙方都可能得不到性滿足。

（2）飽飯、洗澡後性生活，不但容易降低房事品質，而且影響消化吸收，性生活時，在大腦中樞神經的支配下，必然又要調動一部分血液供應生殖器官的需要，這樣就會打亂血液的正常調節，使一部分應該調動到胃腸的血液被調到別處，胃腸道得不到充足的血液供應，消化、吸收就會受到抑制。另外，由於飽飯後胃腸脹滿，性生活時壓迫腹部，雙方都會感到很不舒服，既妨礙性交，也不利於胃腸工作。

（3）飽飯和洗澡後，由於體內大量血液流向胃腸道和皮下血管，以促進消化、吸收、散熱、排汗，這時大腦的供血量會相對的減少，人就會感到疲倦，所以飯後、浴後常常需要休息片刻，才能恢復正常的精力與體力。如果這時性生活，精力、體力未恢復前，性慾的引發和性活動也會受到影響，古人總結房事經驗時，曾有「已飽勿房，已勞勿房」的說法，意思就是勸誡人們不要在吃飽飯後性生活，不要在疲勞的情況下性生活。這是有一定科學道理的。

第4章 婚期避孕

避孕原理

所謂避孕原理，就是用科學的方法來阻止和破壞正常受孕過程中的某些環節，以避免懷孕，防止生育。目前所採用的避孕方法很多，根據它們的避孕原理可以歸納為以下幾種：

1．抗排卵

抗排卵指透過干擾下丘腦－垂體－卵巢軸，抑制卵巢內卵泡發育或成熟，以達到抑制排卵和避孕目的。各種口服、注射或皮下埋植的固醇類避孕藥都有抑制排卵的作用。

2．抗生精

抗生精指透過抑制睪丸生精功能，阻礙精子生成或干擾精子在附睪內成熟，達到避孕目的。如激素類（雄激素類、孕激素類及 GnRH 類）藥物，棉酚及抗 FSH 疫苗都有抑制精子生成作用，雷公藤有抑制精子成熟的作用。

3．抗受精

抗受精指透過殺滅精子、阻止精卵相遇、干擾精子獲能以及阻止精子穿過透明帶受精等環節，達到阻止受精的目的。例如各種外用殺精了藥，含銅宮內節育器都有殺滅精子作用；男、女用保險套、陰道隔閡、避孕海綿以及各種男性、女性絕育手術都是透過阻止精、卵相遇而達到節育目的；各種類固醇類避孕藥包括短效、長效或探親避孕藥都有改變子宮頸黏液黏稠度使精子不易穿透而達到阻止精、卵相遇的作用。正在研究中的抗精子抗體能影響精子在女性生殖道內的活動力，抗透明帶抗體有防止精子穿透卵子透明帶的作用，從而達到避孕的作用。

4．抗著床

抗著床指透過改變子宮腔內環境，改變子宮內膜的形態和功能，改變輸卵管蠕動，阻止或干擾受精卵在子宮內膜著床過程。例如各種宮內節育器作為異物改變子宮腔內環境，影響受精卵著床；各種類固醇避孕藥、探親避孕藥、緊急避孕藥及含孕酮的宮內節育器可引起子宮內膜形態變化不利於受精卵著床；類固醇避孕藥及緊急事後避孕藥可影響輸卵管蠕動，使受精卵發育與子宮內膜變化不同步，從而干擾受精卵的著床。

5．抗早孕

抗早孕是指使已著床的胚泡或胚胎從子宮腔排出，從而終止早孕。包括催經止孕、藥物抗早孕，如米非司酮、前列腺素、天花粉結晶蛋白、芫花萜製劑等。正在研究中的抗 HCG 抗體能中和體內 HCG，導致黃體萎縮、孕酮濃度下降而終止早孕。

6．終止妊娠

終止妊娠指中斷胎兒在子宮腔內生長發育，使之排出體外。包括手術方法與誘發宮縮。例如子宮負壓吸引手術、中期妊娠引產手術等。

7．自然避孕

自然避孕是指不用任何藥具，僅在月經週期的不孕期性交；自然避孕法目前正受到一些與人口有關的重要國際組織和國家機構，如世界衛生組織（WHO）、聯合國人口活動基金(UNFPA)、美國國家衛生研究院（NIH)與美國人口委員會(PC)等的支持。

在實際應用中，一種節育方法可以具有多環節的綜合作用，為了提高節育效果，減少副作用，也可幾種方法結合使用。

避孕方法

為保證計畫生育國策有效的貫徹，計畫生育工作者應根據每對夫婦尤其是新婚夫婦的具體要求，指導其選擇最適宜的避孕方法。目前世界上普遍採用的避孕方法有：藥物避孕法、工具避孕法、安全期避孕法、體外射精法、手術避孕法等。

(一) 藥物避孕

藥物避孕是目前應用最早、最多和較成熟的避孕方法，避孕藥含有孕激素和雌激素兩種成分。近三十年的事實證明，女用避孕藥是一種高效、簡便、安全的避孕法，深受育齡婦女的歡迎。

1．短效口服避孕藥

短效口服避孕藥是由人工合成的雌、孕激素配製而成，主要透過抑制排卵、改變子宮頸黏液的黏稠度、改變宮內膜形態、抑制精子獲能，以及影響輸卵管蠕動等多方面作用來達到避孕目的。它在人體內作用時間短，必須每天服用，停藥後能很快恢復生育能力。長效口服避孕藥

長效口服避孕藥是由人工合成的孕激素和長效雌激素配伍而成，主要透過抑制排卵達到避孕目的。長效避孕針

長效避孕針是以強效孕激素為主的避孕藥，含有少量雌激素，主要透過抑制排卵達到避孕目的。

凡身體健康的已婚育齡婦女均可使用長、短效口服避孕藥及長效避孕針，但有下列情況者應禁用或慎用：①有急、慢性肝炎的婦女②罹患急、慢性腎炎的婦女。③月經不規則的婦女。④患高血壓病的婦女。⑤心功能不全的婦女。⑥乳房上有腫塊，或患有子宮肌瘤

的婦女。⑦患有糖尿病或家族中有糖尿病史或生過巨大嬰兒（四公斤以上）的婦女。⑧精神病患者或呆傻、生活不能自理的婦女。⑨患有腦血栓、心肌梗塞、脈管炎等血栓栓塞性疾病的婦女。⑩吸菸的婦女。⑪四十歲以上的婦女。⑫甲狀腺功能亢進的病人。⑬哺乳期的婦女。⑭患有慢性頭痛特別是偏頭痛和血管性頭痛的婦女。

2．探親避孕藥

探親避孕藥也叫緊急避孕藥，是夫婦雙方在性交當時或性交後服用的避孕藥，其優點是使用方便，不受月經週期限制，即可迅速達到避孕效果。適用於分居兩地的夫妻短期探親時服用。由於探親避孕藥含藥量高，長期使用對身體健康有一定的影響，若探親期超過半個月，應及時改用短效口服避孕藥或其他避孕措施。

3．外用避孕藥

這是一類放入陰道內、靠殺死精子來達到避孕目的藥物，常用的有外用避孕藥膜、片、栓、膏等四種。

（1）**外用避孕藥膜**。使用方法簡便，不影響身體健康和性生活，是一種較為理想的外用避孕藥，男女都可使用：

男用法：當男子性興奮強烈時，尿道口會有分泌物溢出，可以黏黏住藥膜；若尿道口沒有分泌物，可將陰莖先放在女方陰道口濕潤一下，然後將事先準備好的藥膜包貼在龜頭上，輕輕的推入陰道深部，停留四～五分鐘，待藥膜完全溶化後再性交。如果藥膜推入陰道時有阻力，就不要強行推入，以免損傷陰道黏膜或將藥膜穿破滯留在陰道壁上，影響避孕效果。

女用法：性交前將一張藥膜對折兩次，或揉成團狀，用手指將它送往陰道深部的子宮頸口附近，如果藥膜黏在手指上，就在陰道內轉一轉，然後將脫下來的藥膜送到子宮頸口處，待五分鐘藥膜完全溶化後即可性交。如使用長方形藥膜則將藥膜揉成鬆團，用手指塞入陰道頂部，十分鐘後開始性交。

（2）**外用避孕藥片**。這是一種酸性殺精藥物，含有發泡劑，在陰道內可產生許多泡沫，主要透過藥物殺死精子和泡沫阻止精子前進等作用達到避孕目的。性交前用手指將一藥片推入陰道深部，緊貼子宮頸口，待五～十分鐘，藥片完全溶化後方可性交。如果藥片放入陰道半小時以後性交或射精，就需再放入一片，以保證避孕效果。性交結束後六～八小時可用溫水清洗外陰部；如果提前清洗可能影響避孕效果。

（3）**避孕栓**。使用時，先剝去包在避孕栓外面的一層錫紙，然後用手指將一枚避孕栓送入陰道深部，十分鐘後再性交，射精六～八小時內不可洗淨陰部。

（4）**避孕膏**。藥膏除能直接殺死精子外，還能使精子失去活力，阻止精子進入子宮腔。可與保險套、陰道隔閡同時使用。

使用時將避孕膏注入器旋接在藥膏管口上，擠壓藥膏管，將藥膏擠入注入器內，在女方仰臥位的情況下將注入器慢慢插入陰道深部，將藥膏推出，即可性交。

(二) 工具避孕

1．保險套

保險套是由優質乳膠橡皮薄膜製成的套子，性交時套在勃起的陰莖上，射出的精液就裝在套內，阻止精液進入陰道。它具有安全、有效、簡便，經濟、可複用等特點，是一種受歡迎的男用避孕工具。使用保險套避孕每次性交時都必須戴上，而且性交一開始就要戴上。

若等到射精前才用就可能使避孕失敗。保險套有三種型號，過大過小都可能影響避孕效果。一般中等身材的男子先用中號保險套，若不適應再換大號或小號。使用前要檢查保險套有無破損。先向套內吹氣。一手握住保險套的開口處，一手擠壓其體部，注意觀察是否有漏氣，若漏氣，就不能用。如完好，就按原樣捲好，用手捏住保險套前端的儲精小囊，排出其中空氣。戴套前先車陰莖上抹點水，以便套子緊貼在陰莖上，然後將捲好的保險套前端緊貼在勃起的陰莖上，逐漸向陰莖根部展開。保險套可以與外用避孕裔合用，在龜頭部或套表面塗些避孕音，既可以潤滑陰道減少異物感，也可以提高避孕效果。

性交結束後必須在陰莖尚未軟縮之前用手捏住套口將陰莖和保險套一起抽出，以免精液外溢。若在射精後為延長接觸時間，保險套滑脫而掉陰道內（或性交後發現套已破裂，或疑有精液流入陰道內），女方應立即站起，捏住套子的外口將保險套輕輕拉出。隨後取蹲位或半蹲位使陰道內的精液盡量流出來，然後在陰道深部放入避孕藥音、膜、片、栓劑等外用避孕藥，達到殺死精子的目的。宮內節育器

宮內節育器又叫避孕環、避孕器，是放置到子宮腔內的避孕裝置。它是一種作用於局部而對肌體全身功能干擾較少的有效避孕方法，一次使用可避孕多年，取出後又能很快恢復生育功能，因此，深受廣大育齡婦女的歡迎，又具有安全、有效、簡便、經濟等特點。

宮內節育器作為一種異物放在子宮腔內，刺激宮內膜產生非細菌性發炎，使宮內膜表層的血管增多，白血球和淋巴細胞浸潤，並產生大量吞噬細胞。這種發炎性宮內膜不利於受精卵著床，並且吞噬細胞可吞噬子宮腔裡的精子，甚至溶解受精卵。宮內節育器還能刺激子宮內膜產生前列腺素，後者可加強輸卵管蠕動，使未發育成熟的受精卵提前到達子宮腔，不利於著床。前列腺素也能引起子宮收縮，使受精卵從子宮腔排出。

銅V型、銅T型節育器在子宮腔裡緩慢釋放銅離子，後者不僅可殺傷精子，還能影響宮內膜酶的活性，改變子宮腔內環境，阻止受精卵著床。帶孕激素的節有器能長期釋放少量的孕激素，抑制宮內膜發育，不利於受精卵著床，孕激素還能使子宮頸黏液變稠，不利

於精子透過。

一般已婚育齡婦女只要月經規則，生殖器官正常，無嚴重疾病而願意選擇節育器避孕的，均可放置宮內節育器。放置節育器可選擇在月經週期的任何時間，但必須排除早孕。婦女在人工流產、引產的同時，或自然流產的婦女在第一次月經後三~七天，或剖宮產婦女在半年後，子宮壁疤痕完全癒合時，或哺乳期婦女在產後三個月都節育器。

宮內節育器作為一種異物放置在子宮腔內，可按照下列「三大禁忌」、「八項注意」進行自我監護。

禁忌證：

(1)術後一週內禁止重體力勞動，以免宮內節育器脫落。

(2)術後兩週內禁止性生活，以防感染。

(3)術後五週內禁止田徑、水中運動以及跳舞等。

注意事項：

(1)術後全休三天，兩周內避免長途旅行，不跳交際舞。

(2)術後2週內不要盆浴（可淋浴或擦浴）。

(3)術後幾天陰道有血流出，白帶增多，要保持外陰清潔，以免感染。

(4)術後三個月宮內節育器容易脫落，故在月經期間或大、小便時要密切注意節育器是否順勢脫出。

（5）定期檢查。宮內節育器在放置後的一段時間內容易脫落，一年以後脫落率下降。一般在放置後一個月、三個月、半年、一年時各行一次X光透視複查，了解節育器在子宮腔的位置、形狀及大小是否合適。

（6）觀察月經情況，如果發現閉經，應及時到醫院檢查。若已懷孕則立即做人工流產手術。

（7）放置宮內節育器半年內可有不同程度的局部反應，如白帶增多、下腹墜脹或腰痠，都屬正常現象，三～六個月後人逐漸減輕或消瘦。若半年後月經量超過平常的一倍，腰痠腹痛陰道出血不見好轉，應到醫院檢查。

（8）注意補鐵，帶環婦女盡可能加強營養，在每次月經前多吃一些魚、肉、蛋類食物和新鮮蔬菜、水果等。

2・陰道隔閡

陰道隔閡（俗稱子宮帽）是一種女用避孕工具。性交前將它放入陰道並蓋住子宮頸，阻止精子伸入子宮腔，從而達到避孕目的。

陰道隔閡由薄乳膠膜製成，似半月形，周圍包裹著彈簧圈。以彈簧圈外徑為直徑可分為65、70、75、80等四種型號，按婦女陰道深淺進行配置。

除患有生殖器官發炎、子宮脫垂、陰道畸形、陰道壁過鬆或膨出，有習慣性便祕以及對橡膠過敏的婦女外，其餘婦女均可使用陰道隔閡避孕。

決定使用陰道隔閡的婦女，先由醫生根據陰道的形狀和深度選擇大小合適的型號（因為過大過小都容易造成隔閡移位而致避孕失敗）。使用前先檢查陰道隔閡有無破損，並將外用避孕膏均勻的塗在陰道隔閡的凹凸兩面及橡皮圈上。放置時取坐式、半臥式、蹲式等姿勢，兩腿分開，用左手拇指、食指分開大小陰唇，用右手拇指、中指把陰道隔閡捏成橢圓形（凹面向上），沿著後壁推入陰道深部，直到彈簧圈的下緣頂住後穹窿為止，然後用食指或中指將彈簧圈的前緣向上推，頂住恥骨後面。使整個彈簧圈緊貼在陰道頂部，蓋住子宮頸口。放好後將食指伸入陰道檢查一下子宮頸口是否被隔閡全部遮住。若沒蓋好就取出來重放。

陰道隔閡放好後即可性交。性交後八～十二小時才能將陰道隔閡取出。取出時仍按放入時的姿勢，右手食指伸入陰道，勾住彈簧圈的前緣慢慢向外拉出，並用清水清洗外陰部。

(三) 絕育手術

絕育就是採用藥物或手術等人工方法阻斷精子或卵子的通道，達到永久性避孕的目的。絕育有男性絕育和女性絕育兩種。

1．男性絕育術

男性絕育術是指利用手術或非手術途徑，切斷、結紮輸精管，或在管腔內植入異物以阻塞輸精管，或在管外加壓閉合輸精管，造成精道阻斷的一種永久性避孕措施。

（1）輸精管結紮術。輸精管結紮是一種方法簡單，效果可靠，對身體無害和根本不會影響性生活的男性絕育術。輸精管就在陰囊皮下，手術比較簡單，只在陰囊上做小切口，出血少，有時幾乎不出血，多數人手術時沒有痛苦。

手術後受術者要休息觀察兩小時，檢查局部無異常方可離去；手術後四天內注意休息，避免性交、重體力勞動和劇烈運動（如騎單車、打球、長途旅行等）；有傷口出血或陰囊腫大時要及時診治。由於輸精管遠端及陰囊內殘餘精子可能導致懷孕，故術後至少要繼續避孕兩個月或排精十二次以上，最好經精液檢查證實無精子後才停止其他避孕方法。

（2）輸精管栓堵絕育術。輸精管栓堵絕育術也叫輸精管可複性注射栓堵法。操作時用注射針頭經陰囊皮膚直接刺入輸精管管腔內。注入一種醫用栓堵劑，堵塞輸精管腔阻止精子透過，達到不生育的目的。打一針只需五分鐘，無痛苦，有效率可達百分之百。此法的最大特點是可複性，若需要生育，將栓子取出即可恢復生育能力，複孕率可達百分之百。

2·女性絕育術

常用的女性絕育方法有輸卵管結紮術、輸卵管黏堵術、輸卵管銀夾絕育術、經腹腔鏡輸卵管絕育術等。

（1）輸卵管結紮術。輸卵管結紮術是一種比較小的手術，操作簡便、安全，絕育效果好，深受廣大育齡婦女的歡迎。

①手術時間選擇。非孕婦女在月經後一週內結紮較適應，而且要近四天內無性交；人工流產手術後、剖宮產後立即結紮；正常產後兩天內，亦可結紮。哺乳期未來月經的婦女可在排除早孕的情況下做手術。由放置宮內節育器改作輸卵管結紮的婦女，可在取出宮內節育器的同時施行結扎手術。

②結紮前的準備。首先，受術者要消除思想顧慮，手術是在局部麻醉下進行的，痛苦非常小。全手術過程只需十分鐘左右。對身體的損傷小，不會影響身體健康和生理功能。其次，術前要洗澡，穿乾淨舒適的衣褲。注意飲食和休息。手術前四小時應禁食，以免術中嘔吐和術後腹脹。進手術室前要排淨大小便，並讓護士做麻醉藥過敏試驗。精神緊張者，術前半小時可服鎮靜劑或鎮痛劑以利手術順利進行。

術後注意事項：一要住院休息，加強護理觀察，發現問題及時處理；二要及早下床活動以促進血液循環，有利於腸蠕動及切口早日癒合；三要在一個月內禁止性交；四要術後一個月、三個月時各進行一次隨訪，了解術後月經情況和腹部傷口恢復情況。

(2)輸卵管銀夾絕育術。操作步驟與輸卵管結紮術相同，做下腹部切口，提取輸卵管後用一種特製的銀夾夾住輸卵管使管腔阻塞不通；銀夾絕育術操作簡便，手術時不切斷輸卵管，局部組織反應輕，不與周圍組織發生黏連，術後併發症少。

(3)輸卵管矽膠塞絕育術。這是一種女性絕育術。手術時在下腹部正中做一小切口，將啞鈴狀的矽膠塞自輸卵管傘部推送到峽部，用絲線將矽膠塞縫紮固定，以阻塞輸卵管。

輸卵管矽膠塞絕育術操作簡便，無須切斷輸卵管，手術副作用小。其最大特點是可複性，需要恢復生育能力時剪除結紮線，取出矽膠塞即可。

(四)其他避孕方法

1．安全期避孕

採取避開婦女排卵期性交的方法達到避孕的目的，就是安全期避孕，也叫自然避孕法。

正常生育年齡的婦女每個月月經週期只排一次卵，排卵時間多在下次月經來潮前十四天左右；卵子自卵巢排出後可存活一～兩天，精子在女性生殖道內可以存活兩～三天，因此在排卵前五天至排卵後四天是最容易受精的時間，故稱易孕期，其餘的月經週期時間就是安全期。在易孕期內進行性交就容易懷孕。

運用安全期避孕必須準確的掌握排卵期。常用測定排卵期的方法有：根據月經週期推算法（日曆法）、基礎體溫測定法和子宮頸黏液觀察法等。但目前還沒有哪一種方法準確可靠。加之一般婦女的排卵過程受外界環境、情緒、健康狀況等因素影響，排卵可能提前或延後，婦女也可能出現額外排卵。因此，採取安全期避孕法實際上是不安全的，容易造成避孕失敗，一般不宜使用。

2・體外排精避孕法

體外排精避孕法也叫性交中斷法，是在性生活進入高潮，男方即將射精前把陰莖從陰道中抽出，將精液排在陰道外面，使精子與卵子無法相遇，以達到避孕目的的一種男子節育方法。

由於即將射精和射精是一個連貫動作，兩者之間相隔的時間非常短暫，男方往往不能準確的把握時機，以至在性高潮來臨時無法及時將陰莖從陰道中抽出，致使部分精液射入陰道內而造成避孕失敗。採用這種方法避孕很不安全。由於體外排精法是絕對依靠男士自己的意願完成的，需要相當強的自控能力。如果長久使用這種方法，可產生性神經衰弱，甚至造成早洩、陽痿或不能射精的症狀，因此有人認為，除非在萬不得已的情況下使用，不可長期依賴此種方法。

3．避孕疫苗

這是一種具有科學性、長期性及可逆性的避孕方法。目前世界各國都在從事這方面的研究工作。其基本原理是透過提取一種抗原成分製成疫苗，給予受試對象相對的免疫反應，從而阻止受孕。此法目前只處於實驗和研究階段，尚未進入臨床試驗。

4．壓迫尿道避孕法

是在性交進入高潮射精前，男方用手指在陰囊後面的會陰部位緊壓尿道，迫使精液逆向射入膀胱而不能進入陰道，達到避孕的作用。

該避孕方法和體外排精法一樣容易失敗。因為在正式射精前已有少量精液進入陰道；壓迫尿道不完全，部分精液射入陰道；在陰莖抽出陰道前稍不注意，放鬆了對尿道的壓迫，尿道內殘留的精液仍會留入陰道等等，這些都可能導致避孕失敗。

5．皮下藥物

埋植皮下藥物埋植也屬於激素類藥物避孕，是一種長效避孕方法。長效緩釋避孕皮下埋植劑是將避孕藥裝在矽膠囊內（六根）在局部麻醉下埋入婦女上臂皮下，避孕藥以緩慢穩定的速度釋放，避孕有效期五年。這種避孕方法的優點是妊娠率極低，平均妊娠率為百分之零點五，高效、長效、可逆、簡便、不影響性生活；如有副作用可以隨時取出；取出後可以很快恢復生育力；為不宜服避孕藥和放置宮內節育器失敗的育齡婦女理想的新型節育方法。缺點是有的人出現月經不規律或點滴出血等副作用。

6．人工手術流產

人工手術流產是用手術方法將著床的胚泡或胚胎從子宮腔排出，以終止妊娠。主要有負壓吸宮術、鉗刮術和中期妊娠引產術。負壓吸宮術一般用於早期妊娠，即妊娠十週以內；鉗刮術用於妊娠十～十四週；十三～二十四週之間的妊娠，需採用引產術，其中以利凡諾子宮腔注入法效果最好，不良反應及併發症少。人工流產只能作為偶然避孕失敗後的補救措施或因某種疾病不宜繼續妊娠及預防先天性畸形，遺傳性疾病等所採取的醫療措施，決不能依靠人工流產來控制生育。從醫學上講，在妊娠的任何時期施行人工流產都是違反生理的，對女性健康不利。尤其在哺乳期，有剖宮產史或短期內連續做人工流產手術者，則危害性更大，其不良後果很嚴重。因此，一定要採取有效的避孕措施，切不可有怕麻煩和僥倖心理，以盡量避免人工流產，尤其是多次人工流產。

7．藥物流產

該方法是用米非司酮和前列腺素類藥物配伍服用，以終止早孕。這是一種安全、簡便、無損傷的非手術終止早孕方法。藥物流產適用於早孕四十九天以內的女性，越早採用效果越好。有多次人工流產史及半年內有人工流產史、剖宮產術後、年內哺乳期等高危人工流產對象和對手術有恐懼心理者，也適用於藥物流產；但藥物流產不僅有其嚴格的適應對象，而且雖然成功率很高，但並不是百分之百的完全流產率，如果沒有達到完全流產，有時還需用刮宮術作為補充。因此，藥物流產必須在具有急診、刮宮手術、打點滴、輸血條件的醫療保健機構進行，在醫生指導和監護下使用，切不可自己隨意用藥。

禁服避孕藥的情況

口服避孕藥使用方法簡便，避孕效果好。據觀察研究，不少婦女已連續使用多年，對身體健康沒有任何影響。因此，口服避孕藥深受廣大婦女的歡迎。但是，口服避孕藥也不是所有的婦女都能應用的，具有下列情況之一的婦女不能用口服避孕藥。

（1）急慢性肝炎和急慢性腎炎患者。口服避孕藥含有人工合成的雌激素和孕激素，這兩種物質都必須在肝臟內解毒進行代謝，如果患急慢性肝炎，肝功能不好，或患急慢性腎炎，腎功能不好，藥物不能很好的進行代謝，就會造成藥物在體內的積蓄。這樣會加重肝臟和腎臟的負擔，不但不利於肝功能和腎功能的恢復，而且會使病情加重。如果肝、腎疾病已經痊癒，也要慎重對待。

（2）高血壓、心臟病患者。有少數人服用口服避孕藥後，有血壓增高的傾向，因此有高血壓和明顯高血壓家族史的人不宜服用，據研究，雌性激素有使人體內水、鈉儲留的傾向，這樣可能加重心臟負擔，因此心臟病患者也不宜服用口服避孕藥。

（3）血管栓塞疾病患者。有血管栓塞如腦血栓、心肌梗塞、脈管炎等疾病的人，避孕藥中的雌性激素可能會增加血液的凝固性，這對健康人沒什麼影響，可是對血管栓塞的患者來說，可能會加重病情。

（4）糖尿病患者和有糖尿病家族史的人應用口服避孕藥之後，有少數人血糖會升高，對糖尿病的症狀緩解和治療不利。另外，據認為，糖尿病有遺傳性，如果用藥後血糖升高，可能使原來隱性糖尿病人成為顯性，也就是誘發了糖尿病，因此不宜服用。

（5）腫瘤和乳癌患者，患有子宮肌瘤、卵巢腫瘤、身體其他部位腫瘤，以及乳癌患者，不宜服用口服避孕藥。雖然，經過幾十年的研究觀察，沒有發現口服避孕藥有致癌作用，但是因為它含有雌性激素和孕激素，也可能會對已長的腫瘤有所影響，為了慎重起見，最好不用。

（6）哺乳期的婦女。避孕藥能抑制催乳激素的分泌，因而使乳汁減少、乳汁的品質發生變化，影響對嬰兒的營養供應，不利於嬰兒的生長發育。如果哺乳期服用避孕藥，藥物還能透過乳汁進入嬰兒體內，影響嬰兒的身體健康。

有病怎樣避孕

現代醫學認為，在身體條件許可的情況下（即在不加重病情的情況下），生病（一般指慢性病）後也可以有適當的性活動，這樣不僅提高了病人的生活品質，而且夫妻間適當的性愛也有助於身體的康復。對育齡婦女來說，患慢性病期間如果有性生活，要考慮避孕，因為帶病妊娠既不利於優生，也不利於疾病康復。那麼，選擇什麼樣的避孕方法既能安全避孕又能不加重病情呢？

（1）**肝病**：肝臟是人體的代謝器官，具有解毒功能。避孕藥在體內發揮作用的同時，又需經過肝臟代謝，最後由腎臟排出體外。當肝功能不良時，使用避孕藥會加重肝臟負擔，促使病情惡化，還會造成肝臟中毒。所以，在肝功能不良時，不宜使用避孕藥避孕，也不能使用放置節育環的方法避孕，因為肝功能不良時會使體內凝血酶原減少，凝血功能障礙，因而容易引起出血，會導致月經過多或子宮出血，所以，肝功能不良的婦女不宜放置節育環。患肝臟疾病的婦女最宜使用的避孕方法有使用保險套、陰道隔閡及外用避孕藥膜等。若患有B型肝炎、C型肝炎，則應採用保險套避孕，因為這樣可避免因陰道分泌物的接觸而使男方傳染上肝炎病毒。

（2）**癲癇病**：癲癇病俗稱「癲癇」，發病的典型症狀為突然摔倒、口吐白沫、四肢抽搐、意識喪失，數分鐘後可自行恢復正常。癲癇病分為原發性癲癇病和繼發性癲癇病。多數醫學家證實，原發性癱癇病人的子女，癲癇病複病率明顯高於正常人群。所以患有原發性癲癇，特別是有明顯家族史的女青年，最好不要生育。有些抗癲癇病藥物如苯妥英鈉、醯胺咪嗪等與避孕藥有抵抗作用，加速避孕藥代謝，減弱避孕作用，容易導致避孕失敗。故癲癇病人在服用抗癲癇病藥物時不宜使用避孕藥，可以根據具體情況，選用其他避孕方法。

（3）**肺結核**：肺結核是一種慢性呼吸道傳染病。不適宜懷孕的肺結核病人如發現意外懷孕應在6週內做人工流產。肺結核病需長期服用抗結核藥物治療，有些抗結核藥物對避孕藥有抵抗作用，減弱避孕藥的療效，導致避孕失敗，故不宜服用避孕藥避孕。患結核病婦女最適宜的避孕方法有使用保險套、陰道隔閡和外用避孕藥等，這些避孕方法對肺結核病無不良影響。肺結核病人也可用節育環避孕，但肺結核患者的體質較差，放環後如果陰道流血過多應及時取出，以免影響肺結核的治療和康復。

（4）**糖尿病**：糖尿病是由於胰島素相對或絕對不足，引起糖代謝紊亂所致的一種內分泌和代謝性疾病，糖尿病婦女懷孕後會加重病情、並容易發生流產及影響胎兒的生長發育，胎兒畸形的發生率和死亡率明顯增高。一般來說，糖尿病婦女不宜服用避孕藥，因為避孕藥可破壞對葡萄糖的耐受性，促使病情惡化。另外，患糖尿病婦女不宜採用節育環避孕，因為糖尿病病人血糖較高，組織中酸鹼度增加，腐蝕子宮內的節育環，因而避孕效果會受到影響。

（5）**心臟病**：患各種心臟病的婦女，如果心功能較差，就不能懷孕和生育，以免加重病情。心臟病患者不宜使用藥物避孕，這是因為短、長效避孕藥中都不同程度的含有雌激素，使用避孕藥後體內雌激素的含量過多，使體內鈉離子和水分支出減少，血容量增加，加重心臟負擔，甚至引起心力衰竭。而且，避孕藥能使血液黏性增加，容易形成血栓，對心臟不利。

（6）**婦科發炎**：患陰道炎、子宮頸炎的婦女不宜放節育環，因為放環過程中，可能將陰道內或子宮頸上的細菌帶入子宮腔而引起子宮內膜炎或盆腔炎，原有盆腔炎的婦女放環後可能會使病情加重。陰道炎和子宮頸炎患者也不宜使用陰道隔閡避孕，因為每次性交後陰道隔閡放在陰道內八小時以上，這樣會影響陰道分泌物的排泄，可能使發炎加重。外用避孕藥有一定的刺激性，故也不宜使用。患陰道炎婦女可使用短效或長效避孕藥，保險套也很適用，因為它還可以防止陰道內病菌傳染給對方。

（7）**月經量過多**：月經過多的婦女不適合使用節育環避孕，因為放節育環後常會出現月經增多或子宮出血，不過，有一種含孕激素的節育環，可使月經減少，故可以用這種節育環。另外，也可選用不影響月經的外用避孕藥具，如保險套、陰道隔闋、外用避孕藥膜等。

保險套與健康

使用保險套避孕安全可靠，不但對身體健康沒有任何影響，還有良好的隔離作用，可以阻止細菌、病毒在男女之間透過性生活相互傳染。

防止生殖道發炎及「性」傳播疾病。

患有生殖道傳染性疾病（特別是性病）的人使用保險套可避免疾病的傳播；患有陰道炎的婦女在性交時使用保險套，病情得改善；有包莖或包皮過長的男子性交時使用它，可防止女方子宮頸癌的發生，因為女性免受包皮垢的汙染刺激。

保險套可有效阻止精液中的病原微生物進入婦女生殖道深部，從而減少盆腔發炎所導致的不育或子宮頸腫瘤發生的危險性，同時保險套也可能在陰道內產生某些有刺激作用的化學反應，從而阻止子宮頸上皮囊腫的發生，或使已形成的囊腫消退。

使用保險套可治療輕度的陽痿症狀。由於保險套邊緣具有止血帶作用，可延長陰莖勃起的時間，對那些不能保持陰莖勃起時間的男子效果比較明顯。

治療精液過敏症。少數婦女初次性交時對丈夫精液或精子過敏，發生蕁麻疹甚至嚴重的過敏反應，這是男子射精後精液中的抗原接觸陰道黏膜而發生變態反應的緣故，使用保險套可防止這類過敏反應的發生。

治療早洩。保險套可降低龜頭的敏感性，從而延長射精時間，使男女雙方性高潮曲線重疊。這對早洩有一定的治療作用。

治療女子同種免疫不孕症。丈夫在性交時使用保險套治療半年，使精液、精子與女方生殖道隔離一段時間，不讓發生免疫反應，可降低精液精子抗體濃度，待抗體反應消失，一旦停止使用保險套，就有懷孕的可能。

妊娠晚期性交使用保險套，可預防孕期宮內感染而避免早產和新生兒死亡。

保險套可阻止精子和卵子相遇而防止子宮外妊娠的發生。

因此，在性交時應大力提倡保險套的使用。

宮內節育器與健康

宮內節育器對月經有一定影響，表現為月經血量增多和經期延長，但月經週期變化不大。一般在放置節育器後首次月經血量增多，經期延長，以後逐漸減少，六個月後大多能恢復正常。也有個別婦女由於經血過多可能造成貧血。

婦產科醫師對使用宮內節育器和未使用的婦女的輸卵管進行病理學檢查，發現兩組輸卵管發炎的發病率沒有明顯的區別，證明宮內節育器不會增加輸卵管炎的發病率。

宮內節育器不但不會增加宮外孕的危險性，還有防止發生宮外孕的作用。

長期放置宮內節育器不會發生子宮癌。

絕育與健康

男性輸精管結紮不會對人體健康產生不良影響，相反，還有預防和減少心臟病、癌症及糖尿病發生的危險。

女性輸卵管結紮是一種小手術，除對月經週期和月經量有輕微的短期影響外，一般不會影響人體的健康。

口服避孕藥與性

有的婦女在服用避孕藥之後感到性功能增強，少數婦女由於各種原因則表現為性慾減退，但是絕大多數口服避孕藥的婦女在性行為、性興趣、性快感等方面均無明顯改變。

保險套與性

口服避孕藥由於生理或心理因素的原因，往往會對性功能產生一些不利的影響。不少婦女在服藥後子宮頸腺體分泌旺盛，陰道潤滑，加之服藥後痛經減少，月經規則，經血減少等都有利於促進性功能，改善性生活。一些患有痤瘡或多毛症的婦女服藥後症狀緩解，皮膚細嫩，增加了體形美和性能力。有些婦女服藥後不再擔心懷孕，心情愉快，增強了性慾和性反應，夫妻生活變得更為和諧美滿。

個別婦女服藥後性慾減退是由心理因素造成的，只要心理因素解除，性功能會很快恢復正常。

保險套對性生活的影響，包括男子性感減弱和性交時間延長兩個方面。目前使用者對保險套的評價褒貶不一，有的人認為保險套降低性感而不願使用。有的人則認為保險套延長了性交時間使性生活更為愉快而樂意接受。

保險套並不影響射精時的快感，但保險套會降低男子的性感，是否願意接受是習慣問題，只要能堅持使用一段時間就能適應。

表面有顆粒或螺旋狀突起的保險套在性交時能給女方增加性刺激，易於出現性高潮。

保險套塗上避孕藥膏或使用塗有矽膠油的保險套，當女方陰道乾澀時可達到潤滑作用，有利於性交。

因保險套能延長性交時間，女方往往能獲得性滿足，因此保險套尤其適用於有早洩的男子使用。

宮內節育器與性

宮內節育器只在子宮腔內產生局部反應，不干擾內分泌和情緒，也不影響性交動作，因此不會影響性生活。少數婦女在放置節育器後月經量增加，經期延長，可能對性生活帶來一定影響。性交體位不當或患子宮腔炎者，宮內節育器可能引起性交疼痛。有些節育器尾部或尾絲從子宮頸口突入陰道，性交時刺激陰莖使男方產生不適或疼痛。

一般來說，大小合適且放置正確的陰道隔閡不會影響性交動作。

陰道隔閡過大可引起婦女性交疼痛。性交時陰莖插入不當、動作笨拙或性興奮時子宮收縮及陰道擴張，可能引起陰道隔閡脫落，從而中斷性交。子宮後傾的婦女使用較小的隔閡，性交時可能脫落而影響性交過程的正常進行。有時陰道隔閡可改變陰莖感覺。

安全期避孕與性

安全期避孕在一段時間內要禁止性交，強迫將性生活安排在安全期內進行，對性慾有不利影響。另外，性交時由於害怕懷孕，也可能出現性慾減退。

第5章 生殖系統疾病的預防

男性生殖系統疾病

（一）前列腺炎

在青壯年期，由於細菌等病原微生物從尿道直接侵入，或者患扁桃腺炎等，經血液間接侵入都可以引起前列腺的發炎。前列腺炎從發病症狀看，分為急性與慢性兩類。急性前列腺炎的病因，幾乎清一色由細菌入侵引起。慢性前列腺炎則不然，絕大多數是由細菌所致，稱為慢性細菌性前列腺炎；也有一部分找不到病因，即上述的慢性非細菌性前列腺炎。

急性前列腺炎的致病菌多為革蘭陰性桿菌或假單胞菌，也有葡萄球菌、鏈球菌、淋球菌、支原體、衣原體等；慢性前列腺炎的致病菌有大腸桿菌、變形桿菌、克雷白菌屬、葡萄球菌或鏈球菌等。

急性前列腺炎大多由尿道上行感染所致；血行感染來源於癤、癰、扁桃體、齲齒及呼吸道感染灶；也可由急性膀胱炎、急性尿瀦留及急性淋菌性後尿道炎等的感染尿液經前列腺管逆流引起。慢性前列腺炎主要是經尿道逆行感染所致。

急性前列腺炎的症狀可謂是十分典型，表現為前列腺部位下墜樣疼痛，連陰莖、腰背部、大腿上端、下腹部都會出現隱痛，而且還會出現排尿異常，由於前列腺明顯充血與腫脹，甚至可以產生排尿困難現象。這些局部症狀出現的同時，病人往往會出現高熱與畏寒，體溫有時竟可高達伴隨陣陣發寒，人也會發抖、精神不振、關節酸痛、周身乏力、噁心嘔吐等。如果此時作一次肛門直腸指檢，隔著腸道可摸到前列腺腫得厲害，而且有壓痛。慢性前列腺炎，無論細菌性抑或非細菌性，也有相當數量的病人表現有慢性狀況的典型症狀，例如排尿結束後總有種滴瀝不盡的感覺，或者真的會滴瀝出一些尿液；尿道口有「滴白」現象，也就是經常在早晨起來發現尿道口有稀薄水樣分泌物或較厚稠的乳白色黏液黏著，或者是大便及排尿結束後尿道口有白色液體滴出；經常會有外生殖器及肛門部脹痛等現象。在慢性前列腺炎病人中，也確有一部分人症狀不典型，表現十分模糊，會出現一些莫名其妙似乎與前列腺炎毫不相干的症狀，例如不明原因的倦怠、性慾減退、早洩、射精疼痛、陽痿、血精、血尿、尿頻等，到頭來查明果真還是前列腺炎，應該加以重視。

急性前列腺炎需積極臥床休息，打點滴，應用抗菌藥物及大量飲水，並使用止痛、解痙、退熱等藥物，以緩解症狀。在預防上，要防止性生活過多，尤其禁忌性交中斷或頻繁手淫；避免長時間騎自行車、騎馬或作騎跨動作；不能過多飲酒，特別是不能酗酒；切忌受寒、著涼、受潮；重視包括夫婦雙方在內的性生活衛生；不吃辛、辣、酸等刺激性食物。

(二) 生殖系統結核

男性生殖系統結核是常見病，大多與泌尿系統結核同時存在。據文獻統計，這兩個系統同時併發結核的百分率有百分之五十～百分之八十，單一的男生殖系統結核僅占百分之十。前列腺、精囊、附睪及睪丸等都可以患結核病，臨床上以附睪結核多見。

結核桿菌經血或淋巴播散到泌尿生殖系統時，常先累及腎皮質。在適宜生長的條件下形成乾酪壞死灶，繼而發展至腎髓質，在腎乳頭部發展成乾酪壞死灶，隨後蔓延至腎小球形成結核性空洞，即出現腎結核典型症狀，結核病變隨尿路可蔓延到泌尿生殖系統各部。

男性生殖系統結核的感染途徑有二：血行感染和尿路感染。血行感染表現為男生殖系統結核及其他器官結核病灶的結核桿菌由血液侵入男生殖系統。尿路感染是在腎結核的基礎上，結核桿菌由尿液侵入男生殖系統，因此也是腎結核的繼發性病變。同時腎結核病變越嚴重，合併男生殖系統結核的機會也就越多。目前認為男生殖系統結核不論經血行感染或尿路感染往往由前列腺、精囊開始，以後蔓延到輸精管，再從輸精管管腔或管壁淋巴管蔓延到附睪，在附睪尾部發生病變後再擴展到附睪的其他部分和睪丸。從血行感染的男生殖道結核可直接引起附睪結核，這種感染常在附睪頭部開始。

男性生殖系統結核多在青壯年發生，統計資料年齡在二十～四十歲患病者占百分之七十八。男生殖系統結核一般呈慢性病變過程，常是雙側性疾病，但病程中可先後出現。前列腺與精囊結核多無明顯症狀，常在引起附睪結核出現症狀而進行直腸指檢時才發現前列腺、精囊有結核浸潤和結核硬節。前列腺實質的破壞可使精液；數量減少，因此生育能力降低而至喪失，個別病例有血精的症狀。

男牛殖系統結核的臨床表現往往是附睪結核的病象，病情發展緩慢，症狀輕微，附睪部逐漸腫大；偶有下墜或輕微隱痛，可不引起病人的注意，因此常在無意中發現。附睪病變從尾部向體部、頭部蔓延而至整個附睪，病變發展時可與陰囊黏連並乾酪樣壞死形成冷性膿腫，最後潰破成竇道，經久不癒。少數附睪結核病例可有急性症狀，是為繼發性感染所致，病人有突然發熱，陰囊部附睪處紅腫疼痛形成膿潰破，急性症狀逐漸消退又轉入慢性階段。輸精管結核的出現僅僅是纖維化後增粗、變硬，呈索狀或串珠狀，雙側輸精管、附睪結核患者可引起不育症。

男性生殖系統結核的治療必須包括全身治療和男性生殖系統的治療。全身治療與一般的結核病治療相同。男性生殖系統的治療包括藥物治療和手術治療兩部分：藥物治療，男性生殖系統結核用抗結核藥治療有較好的效果，前列腺及精囊結核均可用藥物保守治療，藥物治療的方法與腎結核相同，採用以異煙肼、鏈黴素、利福平等為主的兩種或三種藥聯合應用，應用的療程一般經驗為六～十二個月；手術治療，男性生殖系統結核的手術治療主要解決生殖系的附睪結核，附睪結核的解決有助於生殖系其他部位結核（精囊、前列腺）的癒合，手術在附睪病變局限後施行與腎結核相同，在手術前後亦需要給抗結核藥物。必要情況下可實行附睪切除術。

因為男性生殖系統主要是由其他身體器官結核所引起，所以要注意積極治療原發病，並合理鍛鍊身體，增強體質，加強營養，保持身心愉快。單純的男生殖系統結核癒後較好，在積極的藥物治療或藥物與手術合併治療下一般可以治癒。如有嚴重的泌尿系統結核同時存在，則治療困難，預後不好。

(三) 陰莖異常勃起

陰莖異常勃起是由於大量血液迅速流入陰莖海綿體，使其內壓急劇上升所致；這種勃起並不依賴於性興奮，陰莖海綿體持續長時間的痛性勃起幾小時乃至幾週，使人痛苦異常，引起排尿困難甚至根本不能排尿，造成嚴重的器質性損害，出現永久性的陽痿等後果。

病因尚難肯定。常見於患有鐮刀狀細胞性貧血的病人，也可在紅血球增多症及白血病人中發生。由於這些病人血液內某些成分改變，引起微血管血液動力學變化，導致血流淤滯，阻礙了正常的消除陰莖勃起的機制。惡性疾病所致的血管內阻塞、脊髓損傷、陰莖創傷血腫形成、局部病灶引起刺激，如包皮過長、尿道息肉、尿道結石、前列腺炎等，某些藥物如噻嗪類、肝素、睪丸酮、肼苯噠嗪等應用，均可引起陰莖異常勃起。

陰莖異常勃起常見五～十歲和二十～五十歲的男性。一般僅涉及陰莖海綿體，多數病例於夜間陰莖充血時發病。低血流量型陰莖異常勃起若持續數小時則因組織缺血而疼痛，陰莖勃起堅硬。高血流量型則陰莖很少疼痛，陰莖不能達到完全勃起硬度。此型的多數病例在動脈栓塞或手術結紮血管之後，陰莖仍能恢復完全勃起，但一般需要數週至數月。

陰莖異常勃起是一種急症，必須盡快處理。可用局部冷敷，應用鎮靜劑，血管擴張藥物妥拉蘇林，每月三次口服，或每日一～兩次肌肉注射，也有採用外科手術，如陰莖海綿體切開去除瘀血，局部用肝素溶液沖洗，或做大隱靜脈和陰莖海綿體分流術。到目前為止，尚無特效方法能使勃起機制完全滿意恢復。

很多事情都是物極必反的，所以在平常性生活中，性藥品最好不要用，如果必須要用請在專科醫生指導下選擇使用，反對盲目濫用。而一旦因此引起陰莖異常勃起，更不能羞於就診，若延誤了治療時機將導致永久性陽痿，所以一定要及時治療。不管何種病因引起陰莖異常勃起，首先要停止性生活，避免性刺激，不要諱疾忌醫，及時赴醫院就診。

(四) 陰莖腫瘤

陰莖腫瘤是長期包皮垢積聚在包皮內刺激所引起的，所以絕大多數發生於包莖或包皮過長的病人。乳頭狀病毒是陰莖腫瘤的致癌物。

多見於四十～六十歲，有包莖或包皮過長病人。大多數鱗狀細胞癌發生於龜頭，冠狀溝或包皮下，表現為硬塊或紅斑，突起小腫物或經久不癒的潰瘍，由於包皮掩蓋不易被發現，以後有血性分泌物自包皮口流出，腫瘤可突出包皮口或穿破包皮呈花椰菜樣，表面壞死，滲出物惡臭，腫瘤繼續發展可侵犯全部陰莖和尿道海綿體，就診時常伴有附近淋巴結腫大。

以手術治療為主，亦可行放射和化學治療。包皮環切或雷射切除對早期病變可能有效，但病變較大的病人需行陰莖完全切除術，同時行髂腹股溝淋巴結切除術，如果能完全切除腫瘤和足夠的邊緣，行陰莖部分切除術是恰當的，留下的陰莖殘餘部分可以進行排尿，這些病人還可有性功能，放療的效果尚有爭議，化療對晚期腫瘤的效果有限。

包莖及包皮過長的男子應當及早到醫院手術治療，做包皮環切術。對於不發炎的包皮過長，只要經常將包皮上翻清洗，也可不必手術。如果有發炎不能及早手術，也應當保持外陰清潔，每天清洗一次陰莖，不要用手翻包皮，不要亂塗藥，更不要輕信什麼「偏方」，要及時到醫院請醫生處理。平時注意合理的鍛鍊身體，增強體質，注意飲食營養，保持良好的心情，並注意性生活衛生。

(五) 鞘膜積液

鞘膜囊內積聚的液體增多而形成囊腫者，稱為鞘膜積液。為男性常見的生殖器疾病，醫學上可分為睪丸鞘膜積液、精索鞘膜水囊腫和交通性鞘膜積液。

由於睪丸或附睪的感染，外傷瘤引起，有的是由血絲蟲感染所致，還有的為先天性腹膜鞘狀突封閉不全所致。

睪丸鞘膜積液較常見。患病者睪丸外層的鞘膜內積有過多的滲出液，可有脹墜痛感，用手電筒做透光線試驗可呈陽性，若穿刺則可抽出液體；精索鞘膜積液形成水囊腫。

嬰兒的鞘膜積液常可自行吸收消退，不需手術治療。成人的鞘膜積液，如積液量少無任何症狀時亦無須手術治療。積液量多，體積人並伴明顯的症狀，應施行鞘膜翻轉術。精索囊腫需將鞘膜囊全部切除。

在預防上，平時注意合理的鍛鍊身體，增強體質，講究性生理衛生。鞘膜積液患者應積極就醫治療，此病雖不影響結婚，也不影響生育，但最好手術後再結婚，否則若鞘膜積液增大可影響性生活的進行，而且長期不予治療，鞘膜積液可壓迫睪丸，影響生精功能，再者積液的包裹使睪丸不能很好的正常散熱，最終可能會影響生育功能，也會造成患者本人及其配偶的精神負擔，以致影響性生活。

(六) 陰莖硬結症

陰莖硬結症，多發於中老年男性，是一種纖維性海綿體炎。儘管目前對它的認識還不清楚，但病理變化與嚴重的血管炎是一致的，此症與 DupuyLer 氏手掌肌腱攣縮的病理變化相似。

本病的發病原因尚不清楚，有人認為陰莖的損傷，如手術、騎跨傷，頻繁性交、過度手淫所致的小損傷，全身結締組織病、動脈粥狀硬化、糖尿病、維生素 E 缺乏、酗酒等，都可能與疾病的發生有關。

該病好發於二十～五十歲的男性，表現為陰莖背部出現一個或數個結節，質地如軟骨，大小如花生米或黃豆。勃起時，陰莖彎曲，並有疼痛，陰莖硬結處遠端勃起不堅，嚴重畸形影響性交。陰莖疲軟時，無疼痛。檢查陰莖體部可觸及局限於陰莖海綿體白膜的、不同大小的纖維性硬結或索狀硬塊，無壓痛，硬結常好發於陰莖體部的遠端。有些病人可觸及多個硬結，嚴重的病人在X光攝片可見鈣化和骨化。

目前，此症還沒有令人滿意的治療方法，但有百分之五十的患者可自然緩解，可給予對位氨基苯甲酸和維生素E口服幾個月，但藥物治療效果是有限的。對一些頑固性患者可行手術切除硬結，而後行皮膚移植。另外還可行放療，局部注射類固醇藥物，二甲基硫氧化物（DMSO）和甲狀旁腺素等。這些治療效果報導的資料不是很多，目前無法確定其切實的治療效果。

在預防上，平常生活中注意避免騎自行車、馬或摩托車等，要注意性生理衛生，性生活要有所節制，不能過度手淫。在飲食方面要注意營養，多食用一些含維生素E豐富的食物，不能過多飲茶。對於有全身結締組織病、動脈粥樣硬化及糖尿病的患者要注意及時治療這些疾病。患此病後，病人要積極配合醫生的治療，還要克服恐懼心理，明白疾病的良性性質，注意有勞有逸。

（七）男子性交疼痛

男子性交疼痛發生率較低。新婚蜜月發生這種疼痛，主要原因在新郎本身。

新婚蜜月，性慾強烈，男歡女愛，如魚得水，性交時間過長，性交次數過於頻繁，有的一個晚上多次，重複性交，白天還找機會來一次，或者性交時用力過猛，結果使布滿豐富血管、神經而又細薄的陰莖皮膚，在用力的拉動下受到輕微的損傷，所以引起性交疼痛。解決辦法很簡單，就是節制性生活，休息幾天，就可恢復正常了。

其次，如果陰莖畸形、陰莖外傷、手術後變形，龜頭、冠狀溝等處的炎性潰瘍癒合後留下的疤痕，都可使勃起的陰莖變彎曲狀，性交過程中，由於牽引或拉動其疤痕及彎曲部位而引起疼痛。

疼痛輕微者，不必醫治，嚴重疼痛者，應去醫院做矯正手術。

另外，包莖或包皮過長的男子在性交時也常發生疼痛，主要因為包皮垢刺激陰莖及包皮內面發炎或過敏所引起。治療辦法是去醫院做包皮環切術，很簡單，不用住院，也不痛苦；如果不想做手術，必須注意性生活衛生，每次性交前後，都要用溫水徹底清洗陰莖，尤其要翻轉包皮進行清洗。

還有的男子對某些避孕藥具，如保險套、避孕藥膏等，出現過敏性皮膚炎而疼痛。尤其是新婚男子，選擇避孕方法不當者，可換一換藥具，就可防止性交疼痛了。

(八) 嵌頓包莖

男子陰莖前端的龜頭外面包著的皮膚叫包皮，青春發育後，包皮逐漸後縮，龜頭便顯露在外。

龜頭後面有一冠狀溝，包皮在此皺縮。有的人包皮過長，如果包皮外口過小不能翻轉露出龜頭，即為包莖。

有包皮過長或包莖的人，在性交時用力過猛，包皮強行翻轉，過長的包皮全部卡在冠狀溝內，形成一個縮窄環，不能恢復原位，醫學上稱為嵌頓包莖。

由於包皮緊緊的勒在冠狀溝處，影響該處的血液循環，於是龜頭發生腫脹，腫脹使本來就很縮窄的包皮環壓迫冠狀溝更嚴重，從而進一步加重血液循環障礙。

這時，包皮水腫，龜頭發亮、發紫，劇烈疼痛。如不及時復位，則可引起包皮和龜頭的嚴重感染，甚至組織壞死。

復位辦法；先用一隻手緊握龜頭冠狀溝包皮水腫處二分鐘，使水腫漸漸消退，然後用左手拇指及食指捏住龜頭用力向外牽拉，再用右手將冠狀溝的包皮環向後拉，使包皮皺褶部變平。這時放開左手，右手用力將包皮狹窄部向龜頭部推移，龜頭就會縮入包皮內。如果自行復位不成功，應及時到醫院就診，請醫生切開緊勒的包皮環。

其實，包皮過長或包莖的男性，最好在少年時做一次包皮環切除術，少年時期沒做此手術，最遲也應在結婚前做。這種手術既簡單又方便，也免去性交時發生意外和痛苦。

愛滋病

愛滋病（AIDS）是獲得性免疫缺陷症候群的簡稱，是由人類免疫缺陷病毒（AIV）所引起的一種性傳播疾病。其特點為患者細胞免疫功能缺陷，引起一系列條件性感染或腫瘤，造成患者死亡，死亡率極高。對全世界人民的生命安全、社會經濟發展構成嚴重威脅，成為當前最棘手的醫學題之一。HIV是一種逆轉錄病毒。多呈圓形或橢圓形，對熱敏感，對各種消毒劑如乙醇、漂白粉等也敏感。HIV侵入人體後選擇性的攻擊T細胞和神經細胞，當HIV大量生長繁殖，使T細胞和神經細胞大量破壞時，則發生細胞免疫缺陷，自身穩定和免疫監視功能喪失，不僅可發生一系列原蟲、蠕蟲、真菌、細菌和病毒等條件性病原體感染，還可發生少見的惡性腫瘤，最終導致死亡。疾病的傳染途徑為：

1．性交傳染：百分之八十患者由性交致傳染，以同性戀最多見，但異性性交傳染者亦日益增多，夫妻間傳染率可達百分之七十五。

2．注射傳染：用HIV汙染的針頭互相靜脈或肌肉注射麻醉毒品是愛滋病傳播的主要途徑之一。

3．血源感染：輸注愛滋病人的血液或血液製品也是愛滋病傳染途徑之一，血源感染HIV發病快，症狀重。

4．胎盤和產道感染：HIV 可透過胎盤或在分娩時經產道傳染給新生兒。

5．其他傳染源。也可由不小心刺傷及外傷引起，個別也有因護理和接觸愛滋病者，吸食母乳而感染上愛滋病的報告。

愛滋病患者的臨床症狀最常見的是反覆出現的低熱，伴有寒顫、消瘦、疲乏無力，體重下降，繼之極度嗜睡無力，不能支持平常的體力活動，慢性腹瀉也是某些愛滋病人的十分明顯的早期臨床表現，並且常找不到發熱、腹瀉和體重減輕的原因。除此之外，患者往往還伴隨著下列症狀：

（1）**淋巴結腫大**。發生率為百分之五十五～百分之百，當高危人群患者出現全身淋巴結腫大又不能用其他原因解釋時，很可能與愛滋病毒感染有關。腫大的淋巴結雖然是全身性的，但是多見於頸後、頷下或腋下淋巴結。腫大的淋巴結不融合，質硬，偶有壓痛，表面巴結腫大的程度與血清內愛滋病抗體滴度高低相關。此外，愛滋病伴發有淋巴瘤，包括 Burkitts 淋巴瘤，免疫母細胞淋巴痼及何傑金氏病等亦可發生淋巴結腫大。

（2）**皮膚損害**。皮膚黏膜是愛滋病侵襲的主要部位之一。許多愛滋病患者是以皮膚損害為首發症狀的。長出現皮疹、全身搔癢、尖銳濕疣，接觸性濕疣、蕁麻疹等。

（3）中樞神經系統症狀。神經紊亂病症已被公認為兒童與成年人愛滋病患者發病與致死的常見原因。感染上愛滋病後，中樞神經系統症狀常與各種機會感染引起的症狀並存；較常見的有亞急性腦炎。常為愛滋病的首發症狀，往往以疲倦、性慾減退等疾病，後期發展為嚴重痴呆。

(4)卡波濟氏肉瘤的臨床表現。卡波濟氏肉瘤併發於愛滋病者，愛滋病合併卡波濟氏肉瘤時，其病變迅速擴散，可侵犯全身多種臟器，尤其是肺、消化道和淋巴結等；引起胸腔積液、咳血及上消化道出血等。

愛滋病患者在臨床表現上除如上所述外，通常還會出現機會感染的一些症狀，機會感染的臨床表現有以下幾種情況：

(1)原蟲類

卡氏肺囊蟲肺炎。卡氏肺囊蟲肺炎是愛滋病患者的一個常見死因，愛滋病患者合併卡氏肺囊蟲肺炎時，首先有進行性營養不良、發熱、全身不適、體重減輕、淋巴結腫大等症狀，以後出現咳嗽、呼吸困難、胸痛等症狀，某些人肺部還可聽到音，病程為四～六週。

弓形體感染。愛滋病人得弓形體感染主要引起神經系統弓形體病，臨床表現為偏癱，局灶性神經異常，抽搐、意識障礙及發熱等。

隱孢子蟲病。人感染後，附於小腸和大腸上皮，主要引起吸收不良性腹瀉，病人表現為難以控制的大量水樣便，每日五～十次以上，每天失水三～十升，病死率可高達百分之五十以上。診斷靠腸鏡活檢或糞便中查到原蟲的卵囊。

（2）**病毒類**

巨細胞病毒感染。愛滋病伴巨細胞病毒感染時，常表現為肝炎、巨細胞病毒性肺炎、巨細胞病毒性視網膜炎、血小板和白血球減少、皮疹等。

單純皰疹病毒感染。感染病毒後可引起愛滋病患者皮膚黏膜損害，累及口周、外陰、肛周、手背或食道以至支氣管及腸道黏膜等，以口角的單純皰疹最常見，其損害呈高密集成群的小水皰，基底稍紅，水皰被擦破後可形成潰瘍，其潰瘍特點為大而深且有疼痛，常伴繼發感染，症狀多較嚴重，病程持續時間長，病損部位可培養出單純皰疹病毒，活檢可查到典型的包涵體。

EB 病毒。該病毒在愛滋病人中感染率很高，有些愛滋病人血清中可檢測到 EB 病毒抗體，EB 病毒可致原發性單核細胞增多症，伴溶血性貧血、淋巴結腫大、全身斑疹，T 細胞減少等。

（3）**真菌類**

念珠菌感染。當人感染愛滋病毒時，可使白色念珠菌變為致病菌導致念珠菌感染。可分皮膚念珠菌病和黏膜念珠菌病，後者多見為鵝口瘡——口腔黏膜、舌及咽喉、齒齦或唇黏膜上的乳白色薄膜，易剝離，露出鮮濕紅潤基底。

隱球菌病。隱球菌腦膜炎是愛滋病常見的併發症，有很高的病死率，表現為發熱、頭痛、精神錯亂及腦膜刺激症狀。肺部隱球菌，以亞急性或慢性發病，伴咳嗽、黏痰、低熱、胸痛、乏力、X光檢查為非特異性改變。

（4）細菌類

結核桿菌。結核病常發生於有愛滋病感染但尚無愛滋病的病人，愛滋病感染病人併發結核最突出臨床特徵是高發肺外結核，愛滋病伴肺外結核最常見的形式為淋巴結炎和粟粒性病變，還常波及骨髓、泌尿生殖道和中樞神經系統。

非典型分枝桿菌感染。為愛滋病的重要併發症之一，其表現為發熱、消瘦、吸收不良、淋巴結腫大、肝脾腫大等。

目前尚無特效療法，治療包括以下幾種：目前最常用的是疊氮胸苷（AZT）、雙去氧肌苷（DDI）、雙去氧胞一苷（DDC），可聯合應用。應用干擾素、重組白血球介素、丙種球蛋白等可增強免疫功能，中藥如香菇、丹參、黃芪和甘草甜素，也有調整免疫功能的作用。針對條件性感染和惡性腫瘤的治療，支持療法及對症治療。

愛滋病是一種死亡率極高的嚴重傳染病，至今還沒有研製出可以有效預防愛滋病的疫苗和可以治癒的藥物和方法，故重在預防。預防方面要注意以下幾點：

（1）**遵守性道德**。預防性途徑傳染愛滋病的關鍵在於潔身自愛、遵守性道德。正確使用保險套不僅能避孕，還能減少感染愛滋病、性病的危險。及時到正規醫院治療並治癒性病可減少感染愛滋病的危險，也可到性病防治機構檢查、諮詢和治療，還要動員與自己有性接觸的人也去接受檢查。

（2）**拒絕毒品**。共用注射器吸毒是傳播愛滋病的重要途徑，因此要拒絕毒品，珍愛生命。

（3）**避免不必要的輸血、注射**。如必須輸血應使用經愛滋病病毒抗體檢測過的合格的血液。避免使用未經嚴格消毒的器具拔牙或美容等。醫務人員和特種行業如酒店、旅館、澡堂、理髮店、美容院、按摩店等服務人員所用的刀、針和其他易刺破或擦傷皮膚的器具，必須經過嚴格消毒。

愛滋病病毒主要存在於感染者的血液、精液、陰道分泌物、乳汁等體液中。絕大多數感染者要經過五～十年時間才發展成病人，一般在發病後的二～三年內死亡。愛滋患者及愛滋病病毒感染者的日常生活和工作接觸，如握手、擁抱、共同進餐、共用工具、辦公用具等都不會感染愛滋病，也不會經馬桶圈、電話、餐飲杯、臥具、游泳池或公共浴室等公共設施傳播，此外，咳嗽、打噴嚏、蚊蟲叮咬等都不會傳播。

關心、說明和不歧視愛滋病患者和愛滋病病毒感染者，鼓勵他們採取積極的生活態度，改變危險行為，配合治療，有利於提高他們的生命品質、延長生命，也有利於愛滋病的預防和維護社會安定。

女性生殖系統疾病

(一) 外陰搔癢

外陰搔癢是外陰各種病變引起的一種症狀，也可發生於外陰完全正常者，多見於中年婦女。搔癢嚴重時，患者坐臥不安，影響正常生活和工作。

念珠菌陰道炎和滴蟲陰道炎是引起外陰搔癢最常見的原因；外陰鱗狀上皮細胞增生也以外陰搔癢為主要症狀；此外，藥物過敏或肥皂、保險套等化學品的直接刺激均可引起接觸性或過敏性皮膚炎，出現外陰搔癢症狀；不良的衛生習慣也可引起外陰搔癢。全身性原因即器質性原因多是由於糖尿病、黃疸、維生素A和維生素B缺乏、貧血、白血病等引起，患者出現外陰搔癢時，常為全身搔癢的一部分；此外，妊娠期肝內膽汁遊積症和妊娠期、經前期外陰部充血也可引起外陰搔癢。

該病主要是透過性接觸進行傳染，也可由患者汙染過的被褥、衣物等進行傳染。

外陰搔癢多位於陰蒂、小陰唇，也可波及大陰唇、會陰甚至肛周等皮損區，常呈陣發性發作，也可為持續性，一般夜間加重。無原因的外陰搔癢一般發生於生育年齡或絕經後婦女，多波及整個外陰部，也可僅局限於某部或單側外陰，雖搔癢嚴重，甚至難以忍受，但局部皮膚和黏膜外觀正常，或僅見因搔抓過度而致的抓痕和血痂。

癒後注意衛生，保持外陰清潔乾燥，切記搔抓；不要用熱水洗燙，忌用肥皂；衣著特別是內褲要寬鬆透氣。忌酒及辛辣或過敏食物。

非特異性外陰炎、單純皰疹病毒感染、白塞氏病、外陰結核、梅毒、性病性淋巴肉芽腫，此外約有三分之一的外陰癌早期表現為潰瘍。

(二) 單純性外陰潰瘍

該病是由多種因素所致的婦科外陰病，臨床又分急性外陰潰瘍和慢性外陰潰瘍。

外陰潰瘍多由於外陰發炎引起，可見於潰瘍可見於外陰各部，以小陰唇和大陰唇內側為多，其次為前庭黏膜及陰道口周圍，外陰潰瘍可表現為急性或慢性。急性外陰潰瘍有：非特異性外陰炎，其潰瘍特點為潰瘍淺表數目較少，周圍有明顯的發炎；皰疹病毒感染其潰瘍大小不一，其底呈黃灰色，邊緣組織略高，有明顯充血水腫，多在一～三週內自行癒合，但常復發；白塞氏病，其潰瘍可與口、眼病變同時發生或先後發生，潰瘍可泛發於外陰各部，起病急，常復發，臨床分壞疽型、下疳型、粟粒型；性病如梅毒軟下疳及性病性淋巴肉芽腫均可引起外陰潰瘍。慢性外陰潰瘍可見於結核及癌症，潰瘍經久不癒，並向周圍擴展，結核性潰瘍與癌性潰瘍肉眼難以鑒別，需做活檢確診。

癒後要保持精神愉快，多進行戶外活動，保持外陰清潔衛生、乾燥，勤換內衣褲，節制性慾，起居有節，少食或忌食辛辣刺激食物及肥甘厚膩之品。早期診斷，早期治療，積極防治原發病因。

(三) 外陰濕疹

外陰濕疹是由多種內、外因素引起的淺層真皮及皮膚發炎，是一種常見的過敏性發炎性皮膚病。患者多屬於過敏性體質，由於過度疲勞、精神緊張等因素而誘發。

該病病因複雜，一般認為與變態反應有一定的關係。過敏原可來自外界或肌體內部，如化妝品、染料、藥品及寄生蟲、某些代謝產物或內分泌物等；在過度疲勞、精神緊張等因素下易誘發。

病變初期，外陰呈彌漫性潮紅，無明顯界限，經過一段時間，表面發展為丘疹、水泡，進而出現糜爛、滲液。由於劇烈癢感而搔抓，傷及表皮，招致感染，形成痂皮。如治療不當，致使病程延長，轉為慢性病變，出現皮膚肥厚粗糙，表面常有棟皮狀鱗屑，伴有抓傷，呈褐色。抓傷處可有少量滲出液，活動時疼痛。病程長短不定，發作無規律，平時可症狀不明顯，睡前或精神緊張時出現劇烈搔癢。

治療此病常用抗組織胺藥和鎮靜安定劑，用於抗發炎、止癢。局部可用爐甘石洗劑外塗患處，每日數次；或百分之二～百分之三硼酸水，紗布濕敷患處，每日數次；醋酸可體松軟膏外塗，每日二～三次。

在預防上，經常保持陰部的清潔，不要手淫，陰道受感染後，必須立即停止游泳；在陰道發炎期間，最好不要進行性行為；平日應穿棉質內褲，避免穿緊身褲，不要用腰帶和三角巾等來束縛陰部，避免摩擦，保持透氣及乾爽；更換衛生棉或衛生條時要細心，保持衛生巾及衛生棉條的衛生；一旦診斷為外陰濕疹，要按照醫生的處方用藥，不能亂服、亂塗藥物，也不能增加或減少藥物的劑量。

(四) 念珠菌性陰道炎

念珠菌性陰道炎俗稱「黴菌性陰道炎」，是成年女性最常感染的疾病之一。大約有婦女在其一生中至少有一次陰道念珠菌感染。如此高發病率和反覆感染是困擾女性的重要問題。

念珠菌性陰道炎的病原體為白色念珠菌，是一種真菌。白色念珠菌為條件致病菌，約百分之十非孕婦女及百分之三十孕婦陰道中有此菌寄生，並不引起症狀。當陰道內糖原增加，酸度增高，局部細胞免疫力下降，適合念珠菌的繁殖時則可引起發炎，故多見於孕婦、糖尿病患者及接受大量雌激素治療者。此外，長期應用抗生素、皮質類固醇激素或患免疫缺陷症候群，或穿緊身化學纖維內褲、肥胖等均易使念珠菌得以繁殖而引起感染。

念珠菌除寄生陰道外，還可寄生於人的口腔和腸道，這三個部位的念珠菌可互相自身傳染，當局部環境條件適合時易發病。此外少部分患者可透過性交直接傳染或接觸感染的衣物間接傳染給其他人。

主要表現為外陰搔癢、灼痛，嚴重時坐臥不寧，異常痛苦，還可伴有尿頻、尿痛、及性交痛。急性期白帶增多、白色濃稠呈凝乳或豆渣樣。檢查見外陰抓痕，小陰唇內側及陰道黏膜附有白色膜狀物，擦除後露出紅腫黏膜面，急性期還可能見到糜爛及淺表潰瘍。

首先消除誘因。若有糖尿病應積極治療；及時停用廣譜抗生素、雌激素、皮質類固醇激素；勤換內褲，用過的內褲、盆及毛巾均應用開水燙洗。

癒後注意保持外陰清潔乾爽，尤其注意性交衛生及經期、分娩期衛生，勤換內衣褲；有糖尿病者，積極治療；保持樂觀情緒，避免不良情緒刺激；飲食宜清淡，忌食辛辣刺激及肥膩食物，戒菸酒。

（五）滴蟲性陰道炎

滴蟲性陰道炎是一種常見的疾病，一般認為這種病沒有危險性，但是卻會令人難受及疼痛，嚴重影響著女性的身心健康。由於這種病通常是經由性交傳染的，如果女性患有這種病，則她的性伴侶也會感染這種病，這種病對男性大多不會造成症狀，但是患有這種疾病的男性卻可以使女性再感染。

滴蟲性陰道炎是由陰道毛滴蟲引起的。月經前後陰道 pH 發生變化，經後接近中性，故隱藏在腺體及陰道皺襞中的滴蟲於月經前後常得以繁殖，引起發炎的發作。

該病症的主要傳播途徑是由性交直接傳播的；也可經公共浴池、浴盆、浴巾、游泳池、坐便器、衣物等間接傳播；透過汙染的器械可經醫源性傳播。

主要症狀為白帶增多，分泌物刺激外陰皮膚可引起搔癢。少數可侵犯尿道、膀胱，而出現尿頻、尿急、尿痛，甚至血尿等症狀。滴蟲能吞噬精子，陰道分泌物可妨礙精子的存活，因而有時可引起不孕。少數患者陰道內有滴蟲感染而無發炎反應，可無症狀，稱為「帶蟲者」，婦科檢查可發現陰道內有較多黃綠或灰黃色帶泡沫的分泌物，陰道黏膜充血，重者可出現出血點。

在日常生活中要注意個人衛生，如常洗澡、勤換內衣等；注意保持外陰清潔和性生活衛生，不互相借用內褲、浴巾和游泳衣；洗澡宜用淋浴；廁所改為蹲式；加強游泳池和公共浴池的管理，禁止滴蟲病患者或帶蟲者進入游泳池或浴池；在治療中，在陰道放藥期間，應禁止性生活；在滴蟲治癒之前性生活，應採用保險套隔離，以免相互傳播。

(六) 生殖器結核

生殖器結核，又稱結核性盆腔炎。多見於二十~四十歲婦女，也可見於絕經後的老年婦女。以輸卵管結核最常見，約占女性生殖器結核的百分之八十五~百分之九十五，其次為子宮內膜結核，其他類型發病少。絕大多數生殖器結核為繼發感染，原發女性生殖系統結核罕見。

生殖器結核是由結核桿菌侵入人體引起的輸卵管、子宮內膜、卵巢、盆腔腹膜及子宮頸等女性生殖器官的炎性病變。

血行傳播為最主要的傳播途徑。結核桿菌感染肺部後，大約一年內可感染生殖器，由於輸卵管黏膜有利於結核菌的潛伏感染，結核桿菌首先侵犯輸卵管，然後依次擴散到子宮內膜、卵巢；可由腹膜結核、腸結核直接蔓延到內生殖器；還可由消化道結核透過淋巴管傳播感染內生殖器。

生殖器結核的臨床表現很不一致，不少患者可無症狀，有的患者則症狀較重，可表現為以下一些症狀月經失調：因子宮內膜充血及潰瘍，可有經量過多，多數患者就診時患病已久，子宮內膜已遭到不同程度的破壞，而表現為月經稀少或閉經；不孕：輸卵管黏膜破壞與黏連，使輸卵管僵硬、蠕動受限，喪失運動功能，而子宮內膜也可受到破壞而致不孕，在原發性不孕患者中生殖器結核常為主要原因之一；下腹墜痛：由於盆腔發炎和黏連，可有不同程度的下腹墜痛，經期加重；全身症狀：可有結核病的一般症狀，如發熱、盜汗、乏力、食慾不振、體重減輕等。

在治療上，急性患者需臥床休息，慢性患者可從事部分工作，但要注意有勞有逸，加強營養，適當參加體育鍛鍊，增強體質，並可採用藥物治療。

藥物治療。抗結核藥物治療對女性生殖器結核百分之九十有效，藥物治療應遵循早期、聯合、規律、適量、全程的原則。

在預防上，增強體質，做好卡介苗接種，積極防治肺結核、淋巴結核和腸結核等病症；有勞有逸，加強營養；患者要注意休息，急性患者至少應休息三個月。

（七）子宮頸癌

子宮頸癌是最常見的婦科惡性腫瘤。本病的發病率有明顯的地理差異，山區發病率高於平原三倍，在未婚及未產婦中，子宮頸癌的發病率明顯低。

子宮頸癌病因至今尚未完全明瞭。根據資料，認為其發病可能與早婚、性生活紊亂、過早性生活、早年分娩、密產、多產、種族和地理環境等因素有關。近年發現透過性交感染某些病毒如單純皰疹病毒n型、人乳頭瘤病毒、人巨細胞病毒等可能與子宮頸癌發病有一定關係。所以，子宮頸癌發病可能是多種因素綜合引起的，至於各因素之間有無協同或對抗作用，尚待進一步研究。

直接蔓延最常見，癌組織局部浸潤，並向鄰近器官及組織擴散。淋巴轉移也較常見，當子宮頸癌局部浸潤後，即侵入淋巴管，隨淋巴液引流到達局部淋巴結，在淋巴管內擴散。血行轉移很少見，可轉移至肺、腎或脊柱等。

早期常無症狀，易被忽略而漏診或誤診。該病的主要症狀有陰道流血，常表現為接觸性出血，發生在性生活後或婦科檢查後出血，早期出血量少，晚期表現為多量出血，年輕患者也可表現為經期延長、週期縮短、經量增多等；陰道排液增多，白色或血性，稀薄如水樣或米泔狀，有腥臭，晚期因組織破潰、壞死，繼發感染有大量膿性或米湯樣惡臭白帶；晚期常表現為由於病灶的侵犯而出現的繼發性症狀，

如尿頻、尿急、肛門墜脹、大便祕結、下肢腫痛等。疾病末期患者出現惡病質。

首先要提倡晚婚、少育，開展性衛生教育，是減少子宮頸癌發病率的有效措施。已婚婦女特別是絕經期婦女有月經異常或性交後出血者，應警惕陰道癌的可能，及時就醫。常用的治療子宮頸癌的方法有手術、放療、化療等綜合應用方法。

手術治療。早期可採用經腹全子宮切除術，卵巢正常者應予保留；中、晚期應採用子宮根治術，如有淋巴結轉移者還要行盆腔淋巴結清掃術。

放射治療。包括腔內和體外照射兩方面。早期病例以腔內放療為主，體外照射為輔。晚期則以體外照射為主，腔內放療為輔。腔內照射用於控制局部病灶，體外照射用以治療盆腔淋巴結及宮旁組織等處的病灶。放療的併發症有放射性直腸炎和膀胱炎，要避免放療過量。

手術及放射綜合治療。適用於較大病灶，術前先放療，待病灶縮小後再進行手術。或術後證實淋巴結或宮旁組織有轉移或切除殘端有癌細胞殘留放療作為手術後的補充治化療。主要用於晚期或復發轉移的患者，也可用於手術或放療的輔助治療；治療局部巨大腫瘤。常用的藥物有、卡鉑、環磷醯胺、異環磷醯胺、氟尿嘧啶、博來黴素、絲裂黴素、長

春新鹼等，其中以順鉑療效較好。一般採用聯合化療。

在預防上，提倡晚婚、少育，注意性衛生，杜絕性生活紊亂因素。特別是絕經前後婦女有月經異常或性交出血者，應警惕生殖道癌可能，及時就醫；每一～二年婦科檢查一次，早發現，早診斷，早治療。凡三十歲以上婦女常規做子宮頸刮片檢查，若有異常應進一步處理；積極治療中、重度子宮頸糜爛，及時治療子宮頸上皮肉』：瘤樣病變，以阻斷子宮頸癌的發生；治療後需定期複查，最初每月一次，連續三個月後每三個月一次，一年後每半年一次，第三年後每年一次。治療後若出現症狀應及時到醫院就診。

(八)子宮肌瘤

子宮肌瘤是女性生殖器最常見的良性腫瘤，也是人體最常見的腫瘤。有子宮平滑肌組織增生而成，其間有少量纖維結締組織。多見於三十～五十歲婦女，以四十～五十歲最多見，二十歲以下少見。

確切病因尚不明了，可能與女性雌激素有關。雌激素能使子宮肌細胞增生肥大，肌層變厚，子宮增大。子宮肌瘤組織中雌激素受體和雌二醇含量較正常子宮肌組織高。同時卵巢功能、激素代謝均受高級神經中樞的調控，故神經中樞活動對肌瘤發病也可能起重要作用。

多無明顯症狀，僅於盆腔檢查時偶被發現。症狀出現與肌瘤部位、生長速度及肌瘤變性關係密切，與肌瘤大小、數目多少關係不大。主要症狀有：

月經改變。為最常見的症狀，這是由於大的肌壁間肌瘤使子宮腔及內膜面積增大，宮縮不良或子宮內膜增生過長等致使月經週期縮短、經量增多、經期延長、不規則陰道出血等；並且黏膜下肌瘤也常表現為月經過多，隨肌瘤漸大，經期延長，一旦肌瘤發生壞死、潰瘍、感染時，則有持續或不規則陰道流血或膿血性排液等；漿膜下肌瘤及肌壁間小肌瘤則常無明顯月經改變。

腹塊。表現為腹部脹大，下腹正中可捫及塊物，質地堅硬，形態不規則。

白帶增多。由於肌壁間肌瘤使子宮腔面積增大，內膜腺體分泌增多，並伴有盆腔充血致使白帶增多。

此外，還可有腹痛、腰痠、下腹墜脹等症。當肌瘤增大時可有壓迫症狀，如壓迫膀胱出現尿頻、排尿障礙等；壓迫輸尿管可致腎盂積水；壓迫直腸可致排便困難。另外，子宮肌瘤還可引起不孕和繼發性貧血等症。

肌瘤小且無症狀者，通常不需要治療。尤其近絕經年齡患者，肌瘤可隨雌激素濃度的低落而自然萎縮或消失。肌瘤在兩個月妊娠子宮大小以內，症狀不明顯或較輕，近絕經年齡及全身情況不能手術者，均可給予藥物對症治療。若子宮大於二個月半妊娠子宮大小或症狀明顯致繼發貧血者，常需手術治療，主要的手術方式有肌瘤切除術、子宮切除術等。

在預防上，保持情志舒暢，經期、產後避免感受外邪，注意經期衛生，產褥保健。當出現月經改變、有腹塊、白帶增多等症狀時，要及時去醫院就診，根據病情及病人的情況再考慮進一步治療，因為肌瘤小且無症狀，並且患者又近絕經期，所以此種情況就沒必要進行治療，因為此時患者的病症可隨雌激素濃度的低落而自然萎縮或消失。除此之外，當肌體出現某些不適症狀時，還是應盡快到醫院進行診治。

(九)子宮頸糜爛

子宮頸糜爛是婦女常見的一種子宮頸慢性發炎，在生育期的婦女中發生率較高。子宮頸糜爛可引起接觸性出血、分泌物增多等不適，會嚴重影響婦女的身心健康。

患子宮頸糜爛並不一定是不衛生的結果。正常的子宮頸具有較強的抗感染能力，對保持內生殖器無菌非常重要。但子宮頸易受分娩、流產或手術的影響而導致損傷，隱藏子宮頸黏膜內的病原體侵入而引起。慢性子宮頸炎的病原體主要為葡萄球菌、鏈球菌、大腸桿菌及厭氧菌。由於子宮頸黏膜皺襞多，感染不易徹底清除，往往形成慢性子宮頸炎。

主要症狀是陰道分泌物增多，呈乳白色黏液狀或淡黃色膿性，可有血性。子宮頸黏稠膿性分泌物不利於精子穿過，可造成不孕。

子宮頸糜爛以局部治療為主，還可採用物理治療、藥物治療及化學治療等，而以物理治療最常用。

物理治療。現在常用的有雷射治療、冷凍治療、紅外線凝結療法及微波療法。原理是用物理方法將子宮頸糜爛面破壞，使其壞死脫落後，為新生的複層鱗狀上皮覆蓋，為期三～四周。治療時間應選在月經乾淨後三～七日內進行，有急性生殖器發炎者列為禁忌。

藥物治療。局部藥物治療適用於糜干擾素具有抗病毒、抗腫瘤及免疫調節活性。

手術治療。對糜爛面較深廣且累及子宮頸者，可考慮做子宮頸椎切術，但一般情況下很少採用。

預防及預後，要定期婦科檢查，以便及早發現子宮頸發炎，並予以積極治療；注意經期、孕期及產褥期衛生；做好人工流產、放置宮內節育器、診刮手術後的護理，禁房事，預防感染。

(十)子宮頸炎

子宮頸炎是生育年齡婦女的常見病，有急性與慢性兩種，臨床上常見的是慢性子宮頸炎。

多於分娩、流產或手術損傷子宮頸後發生，病原體主要為葡萄球菌、鏈球菌、大腸桿菌及厭氧菌。

白帶增多，腰痛腹墜。檢查時可見子宮頸有不同程度的糜爛，根據糜爛面積的大小可分為三度。子宮頸糜爛面積若小於三分之一～二分之一或大於三分之二，分別診斷為子宮頸的輕度、中度、重度糜爛。

本病可採用陰道灌洗、局部上藥、中藥治療等藥物療法。另外，還可採用物理療法。物理療法是目前治療子宮頸糜爛療效好、療程短的方法，包括電熨、冷凍療法和雷射治療等。

預防本病首先要進行定期婦科檢查，以便及早發現子宮頸發炎，進行治療。還需要積極徹底治療急性陰道炎、急性子宮內膜炎等。注意個人衛生，勤洗內褲等。用酸性或鹼性溶液沖洗外陰及陰道時，要避免濃度過高。男方也應養成每晚或性交前洗外陰的習慣，防止性交時將病原體帶入陰道而引起感染。

（十一）慢性盆腔炎

慢性盆腔炎包括慢性附件炎和慢性盆腔結締組織炎。這種慢性發炎病情頑固，不易根治，有可能導致不孕。

慢性盆腔炎常為急性盆腔炎未能徹底治療，或患者體質較差病程遷延所致，但也可無急性盆腔發炎病史，由病原體（如沙眼衣原體）感染所致輸卵管炎。慢性盆腔炎病情較頑固，當肌體抵抗力較差時，可有急性發作。

患者全身臨床症狀多不明顯，有時僅有低熱，易感疲倦。由於病程時間較長，部分患者可出現神經衰弱症狀，如精神不振、周身不適、失眠等。當患者抵抗力差時，易有急性發作。慢性盆腔炎常表現為下腹部墜脹、疼痛及腰骶部酸痛，常在勞累、性交後及月經前後加劇，還可表現為經量增多，月經失調和不孕等症狀。

治療慢性盆腔炎的方法有很多，通常用一種方法對於治療慢性盆腔炎的效果不是特別的理想，需選擇綜合療法。下面介紹幾種治療慢性盆腔炎的常用方法：

中藥治療。慢性盆腔炎以濕熱型居多，治療以清熱利濕，活血化瘀為主。

物理療法。常用的有短波、微波、雷射、離子透入等，能促進盆腔局部血液循環，改善組織營養狀態，提高新陳代謝，以利發炎吸收和消退。

手術治療。有腫塊如輸卵管積水或輸卵管卵巢囊腫應行手術治療；存在小感染灶反覆引起發炎急性發作者也應手術治療。一般行單側附件切除術或全子宮切除術加雙側附件切除術。對年輕婦女應盡量保留卵巢功能。

在預防上，注意個人衛生，鍛鍊身體，增強體質，及時徹底治療急性盆腔炎；解除思想顧慮，增強治療的信心，增加營養，鍛鍊身體，注意有勞有逸，提高肌體抵抗力。

（十二）急性盆腔炎

女性內生殖器及其周圍的結締組織、盆腔腹膜發生發炎時稱為盆腔炎。盆腔炎為婦科常見病，按其發病過程可分為急性盆腔炎和慢性盆腔炎。

引起盆腔炎的病原體主要有葡萄球菌、大腸桿菌、厭氧菌、性傳播的病原體（如淋菌、沙眼衣原體、支原體、皰疹病毒）。引起急性盆腔炎的主要病因是產後或流產感染、子宮腔內手術操作術後感染、經期衛生不良、鄰近器官的發炎直接蔓延以及慢性盆腔炎的急性發作。

急性盆腔炎的症狀特點是：起病急、病情重，可出現下腹疼痛、發燒、寒顫、頭痛、食欲不振。檢查時發現病人呈急性病情，體溫高、心率快，下腹部有肌緊張、壓痛及反跳痛。盆腔檢查發現陰道有大量的膿性分泌物，穹丘有明顯觸痛，子宮及雙附件有壓痛、反跳痛，或一側附件增厚。

在治療上，臥床休息，給予高熱量、高蛋白、高維生素的飲食，並補充液體，並且可以採取藥物治療或手術治療。

藥物治療。常用抗生素進行治療。手術治療。當藥物治療無效，盆腔膿腫形成經藥物治療四十八～七十二小時體溫持續不降，患者中毒症狀加重或包塊增大，應及時手術治療，以免發生膿腫破裂。輸卵管積膿或輸卵管卵巢囊腫經藥物治療病情有好轉，繼續控制發炎數日。腫塊仍未消失但已局限化，應行手術治療，以免日後再次急性發作仍需手術。膿腫破裂，突然腹痛加劇，寒顫、高熱、噁心、嘔吐、腹脹，檢查腹部拒按或有中毒性休克表現，均應懷疑為膿腫破裂，需立即剖腹探查。

在預防上，注意經期、孕期及產褥期的衛生；做好人工流產、放置宮內節育器、診刮手術後的護理，預防感染；徹底治療急性盆腔炎，防止轉為慢性。

(十三) 不孕症

不孕症是指婚後未避孕、有正常性生活、同居兩年而未曾受孕。婚後未避孕而從未妊娠者稱原發性不孕，曾有過妊娠而後未避孕連續兩年不孕者稱繼發性不孕。

阻礙受孕的因素可能在男方、女方或男女雙方，其中女性因素占百分之六十，男性因素占百分之三十，男女雙方因素占百分之十。女性不孕因素主要有：輸卵管因素是最常見的因素，如輸卵管發育不全、輸卵管發炎等；卵巢因素有先天性卵巢發育不全、多囊卵巢症候群、功能性卵巢腫瘤及下丘腦－垂體－卵巢軸功能紊亂；子宮因素有子宮先天畸形、子宮肌瘤、子宮內膜炎、內膜結核等；子宮頸因素有子宮頸感染、子宮頸息肉、子宮頸肌瘤等；陰道因素有陰道損傷後形成的黏連疤痕性狹窄、先天無陰道、嚴重陰道炎等。男性不孕的因素：主要是生精障礙與輸精障礙，主要表現為無精子或精子數過少，活力減弱，形態異常；附睪及輸精管結核可使輸精管阻塞，阻礙精子的運送；精子在體內產生對抗自身的抗體；內分泌功能障礙可影響精子的產生而引起不孕；外生殖器發育不良或陽痿致性交困難者也可引起不孕。男女雙方的因素有：缺乏性生活的基本知識；雙方盼孕心切造成的精神過度緊張；近年來發現免疫因素也可影響受孕。

對於男性重點檢查外生殖器有無畸形或病變，尤其是精液常規檢查。對於女性應了解月經史、既往史、家族史，對繼發性不孕，應了解以往流產或分娩經過，有無感染史等。要注意內外生殖器的發育情況，有無畸形、發炎，包塊及乳房泌乳等。必要時作甲狀腺功能檢查以排除甲狀腺病變及腎上腺皮質疾病；還可用B型超聲監測卵泡發育、基礎體溫測定、陰道脫落細胞塗片檢查、子宮頸黏液結晶檢查及女性雌激素測定等來了解卵巢有無排卵及黃體功能狀態。用子宮鏡可了解子宮腔內膜情況。如果上述檢查均未見異常者，仍未受孕，可作腹腔鏡進一步了解盆腔情況。

治療不孕症的方法有很多，但都得要對症治療，只有弄清楚是什麼原因導致了不孕，才可採用具體的，有針對性的治療措施進行積極治療。若發現不孕患者患有婦科腫瘤、生殖器發炎、陰道橫隔、子宮腔黏連等疾病，應根據病情採取有效措施積極治療這些引起不孕的原發病；若為子宮頸口狹窄，可行子宮頸擴張術。

在預防上，首先要增強體質，增進健康，糾正營養不良和貧血；戒煙、不酗酒；積極治療內科疾病；掌握性知識、學會計算排卵日期，盡量在排卵期進行性交，且性交次數要適度，以增加受孕機會。

第6章 新婚用藥與飲食

新婚期間用藥

據研究，影響性功能的藥物有安定、鎮靜、催眠、心血管、利尿、精神病等用藥和激素。有些可使性功能減退，有些藥長期大量使用還可致陽痿，有些藥可影響射精或排精減少。故新婚期間要獲得和諧的性生活，一定要注意避免一些藥物的干擾。

防止藥物影響人體性功能的辦法：

新婚期間如男方或女方的慢性病需要繼續服藥，此時特別要注意合理選用，可在醫生指導下改用既對症又對性功能沒有影響的藥物。

如找不到其他恰當的代替藥物，新婚期間又有急需，可適當減少用藥量或短期服用。如用藥後一旦出現性功能減退，應立即停藥，一般停藥後性功能可恢復。

我們既要重視藥物對性功能的影響，但也不要草木皆兵，因為性活動易受精神因素的影響，有些人知道藥物可影響功能後，產生心理壓力，結果真的發生性功能減退或性高潮反應消失。所以，性功能減退是否藥物所致，應請醫生幫助診斷並給予治療。

新婚期間的飲食原則

新婚夫婦一般性慾比較強，除應適當節制外，還應重視增加營養，以補充體能消耗。

1．攝取足夠蛋白質

新婚夫婦應在保證總熱量需求的前提下，攝入富含優質蛋白質含量的食物。優質蛋白質可以強精益氣，消除性交後的疲勞感，是生成精子、卵子的基本原料，可轉化為精胺基酸，提高男子精子的數量和品質，增強精子活力；優質蛋白質還能使女子處女膜破裂失血傷口癒合，提高受孕率。瘦肉、魚、奶和蛋類等，屬於優質蛋白質，其營養價值一般高於植物性食物米、麵、大豆、蔬菜等。

2．補充足量維生素

維生素對性器官的生長、發育、生精、排卵、懷孕等，都發揮著重要的作用。維生素A和維生素B可以促進蛋白質合成，保持男性生殖系統健康；維生素C可降低精子凝集的機率，有抗氧化功能；維生素E具有調節功能和延長精子壽命的作用。維生素A和維生素E共同作用時又有提高性慾的功效。

含維生素A豐富的食物有動物肝臟、菠菜、甜瓜、杏仁、葵花籽、食油等。含維生素B多的食物有全麥粉、燕麥片、粗糧、啤酒、酵母、火腿、瘦肉等。含維生素B2較多的食物有動物肝、牛肉、蛋類、花菜、鱔魚、鮮豆類等。含維生素C的最佳食物有青辣椒、鮮棗、山楂、草莓、甘藍、橙等。含維生素D豐富的食物有鱈魚、鮭魚、鮪魚、蛋等。

3．適量吃些脂肪食物

人體攝入足量的脂肪，能補充肌體不能自身合成的脂肪酸，使脂溶性維生素被人體吸收，進而保證人體性慾持續長久。如果新婚期間脂肪攝入不夠，就會影響體內性激素的分泌，影響性生活和諧。

新婚夫婦每天攝入的脂肪，應占總熱量的百分之二十，但不宜過多。含脂肪多的食物，主要有植物油如花生油、大豆油、芝麻油、菜籽油等，以及動物油如豬油、牛油等。

4．注意進食含鋅較多的食物

鋅元素號稱「夫妻和諧素」，雖然含量甚微，但對於男女性功能的作用十分重要。它能增加血液中性激素濃度及精子的數量，促進性腺的分泌。

新婚夫婦每天攝入15～20毫克鋅，即可滿足肌體需要。含鋅較多的食物有牡蠣、肝、粗糧、乾豆、堅果、蛋、肉、魚等。

新婚期間，每次房事之後，最好喝一杯熱牛奶，吃片麵包再去睡覺。還應注意飲食衛生，避免食用刺激性較高的食物，盡量做到不吸菸、不飲烈酒、不吃冷食、不喝冷飲，以保障精子、卵子的活力和健康，孕育出健康聰明的下一代。

新婚夫婦的營養品

1．牛奶和優酪乳

乳類是非常有益的營養品。如牛奶，每500克含蛋白質16.5克、脂肪20克、碳水化合物25克、鈣600毫克，可提供熱量345千焦耳。羊奶每500克含蛋白質19克、脂肪20.5克、碳水化合物21.5克、鈣700克，可提供熱量345千焦耳。

有人對牛奶不適應，空腹喝牛奶會引起腹瀉，因此，喝牛奶時應輔以麵包、餅乾、饅頭之類的麵食，也可改飲優酪乳。

優酪乳是鮮奶經過乳酸發酵而成的乳製品，具有特殊風味，它不但具備牛奶的全部營養成分，還有一定的保健作用。優酪乳中的乳酸菌能抑制腸道內腐敗菌的生長，減少腐敗菌在腸道內產生的毒素，還能夠提高人的食欲，增強消化能力，促進新陳代謝。

正常的牛奶外觀呈乳白色或淡黃色，凝塊稠密、結實、均勻、無氣泡、無雜質，有一股清香的乳酸味。變質的優酪乳往往有酸臭味，凝塊破碎，乳清析出並伴有氣泡，這種優酪乳就不能再吃了。

家庭保存優酪乳要盡量減少細菌汙染和震動，最好能冷藏保存，存放時間不能超過兩天，以免細菌繁殖和繼續發酵，影響品質和味道。

新婚夫婦可以自製優酪乳。將鮮奶倒入不容易炸裂的容器內煮開，晾涼到38～40度，用消過毒的湯匙取少許乳酸細菌發酵劑或少許優酪乳加入鮮奶中，攪勻，蓋好蓋子，放置在30度處，10～20小時就可以變成優酪乳。

2．豆製品

豆製品多以黃豆為原料，由於黃豆含有豐富的營養，所以豆製品的營養也非常豐富。

豆製品除大家所熟悉的豆腐、豆粉、腐竹外，還有煮貨類（如各種豆干、燻乾、豆腐絲和豆腐片等）、滷味類（如「雞腿」、「方雞」、「元雞」、花乾等）、炒貨類（如什錦、辣塊、辣條等）、炸貨類（如炸油豆腐、「炸蝦」等）。豆製品品種繁多，味道鮮美可口，深受消費者歡迎。

豆製品的主要成分是蛋白質，除此之外，還含有豐富的脂肪、維生素和礦物質。由於製法不同，所含的營養成分也略有差別。各種豆製品都含有人體不能自己合成的八種必須胺基酸，又不會增加血液中的膽固醇，且價格便宜，是物美價廉的營養佳品。

醬豆腐和臭豆腐不僅味道鮮美獨特，而且營養豐富。經檢測，含蛋白質百分之十四、脂肪百分之五點七（臭豆腐為百分之十一）、糖類百分之五，以及鐵、磷、維生素、維生素B2和菸酸。每100克醬豆腐可產生544千焦耳熱量，每100克臭豆腐可產生728千焦耳熱量。

3．肉類

肉類是烹調上的主要食品之一，主要是豬、牛、羊肉，牠們的化學組成很接近，含有豐富優質的蛋白質、脂肪、糖類、維生素和礦物質等。不僅含有人體必需的胺基酸，而且還含各種營養素，人體吸收率高，飽腹作用大，是一種較完美的食物。

每100克豬肉，可產生1398千焦耳熱量。每100克牛肉，可產生720千焦耳熱量。每100克羊肉，可產生1280千焦耳熱量。

因為蛋白質能夠水解成胺基酸溶解在水中，所以，肉湯中往往含有不少蛋白質，營養價值高，而且味道鮮美。

4．魚類

常見食用魚，可分為海產魚和淡水魚兩大類。常見的海魚有：黃魚、帶魚、平魚等；常見的淡水魚有：鯉魚、鯽魚、鰭魚、鰱魚、草魚等。不同種類的魚風味各具特色。

魚類可為人類提供豐富的營養，但又不像家禽、家畜那樣需要耗費大量的飼料。魚類的營養成分與肉類相似。魚肉含蛋白質百分之十五～百分之二十，且屬於優質蛋白質，人體吸收率極高，所含胺基酸也與肉類相近。魚肉含脂肪有的可達百分之十一，且大部分由不飽和脂肪酸組成，呈液體狀態，極易被人體消化吸收。

魚類含礦物質占百分之一～百分之二，海魚含有豐富的碘，含銅、鈣、鐵較少。魚類肝臟含有維生素A和D。黃魚、鯊魚中也含有一定量的維生素A和D。魚類含維生素B，不多，鮮魚應盡快烹調，以免使維生素B，大量損失。

5．雞蛋、鴨蛋和皮蛋

雞蛋和鴨蛋營養都很豐富。在100克雞蛋中，含有14.8克蛋白質、11.6克脂肪，還含有較多的鈣、磷、鐵、維生素等物質。100克雞蛋可產生711千焦耳的熱量。100克鴨蛋含13克蛋白質、14.7克脂肪以及與雞蛋差不多的無機鹽和維生素。100克鴨蛋可產生686千焦耳熱量。

雞蛋大家愛吃，鴨蛋有些人覺得有點腥味，只要在烹調時加入少量黃酒，腥味就可去除。鴨蛋也有炸、炒、蒸、煮等各種吃法。另外，醃製成鹹鴨蛋或做成皮蛋，那更是吃著方便、味道鮮美的佐餐佳品了。

皮蛋的營養價值與鴨蛋相差無幾，稍低於雞蛋。若以膽固醇含量做比較，雞蛋是每500克中含2.992克，皮蛋是2.856克，鴨蛋是2.790克。所以，年輕人根本不必為此會造成對心血管的危害而擔心，更何況膽固醇是人體不可缺少的。

6．萵筍和萵筍葉

萵筍質脆嫩，水分較多，味道鮮美，可以炒食、涼拌、做湯、醃漬。它的營養價值比較高，每500克萵筍含鐵約12毫克，與菠菜的含量基本相同。此外，還有很豐富的鈣和脂肪。

吃萵筍時千萬不要把萵筍的葉子去掉，因為萵筍葉子裡面的維生素的含量，要比莖高出五～六倍，其中維生素C的含量甚至高出十五倍之多。萵筍葉子不僅維生素含量高，而且還含有大量的鈣，在日常生活中含鈣質多的食品本來就比較少，吃萵筍時丟掉萵筍葉子不吃，實在太可惜。萵筍葉可以炒食，可以做湯，也可以用溫開水燙過後後蘸醬、醬油或其他調味料生吃，是一種物美價廉、營養豐富的食品。

7．番茄

番茄皮薄多汁、肉質纖細、酸甜可口、味道鮮美，不但好吃而且還有很高的營養價值。它含有豐富的維生素，與柑橘相差不多。它在維生素PP的含量方面是蔬菜水果中的第一名，維生素PP可以保護皮膚健康，維持胃酸的正常分泌。

番茄中的蛋白質和礦物質也不少，經計算，每天每人吃二～三個新鮮的番茄，可滿足他一天中對維生素和主要礦物質的需求。此外，番茄還含有大量蘋果酸和檸檬酸，這些可以幫助胃酸對脂肪物質進行消化。番茄中的水分可以利尿，對患有腎炎的人是很有益處的。果汁中還有一種叫氯化汞的物質，對於肝臟病的治療具有一定的輔助作用。所以，番茄是一種可貴的蔬菜，為了避免它的營養損失，用番茄做湯時，要等水快開時再下鍋；如加肉、雞蛋類烹調時，也要等其他菜快燒熟時再放番茄為好。

8．海鮮

海鮮食品含有豐富的營養成分。100 克海蟹的蟹肉和蟹黃含蛋白質 15.5 克、脂肪 2.9 克、鈣 384 毫克、磷 340 毫克、鐵 10.5 毫克，可產生熱量 511 千焦耳。100 克蝦米，含蛋白質 58.1 克、脂肪 2.1 克、鈣 577 毫克、磷 614 毫克、鐵 13.1 毫克，可產生熱量 1130 千焦耳。

珍貴的海鮮，如魚肚、魚翅、海參等，營養更加豐富。在 100 克魚肚乾中，含蛋白質 84.4 克、脂肪 0.2 克，鈣 50 毫克、磷 29 毫克、鐵 2.6 毫克，可產生 339 千焦耳熱量。

9．豬皮

豬皮的營養是很豐富的，100 克豬皮含蛋白質 26.4 克、脂肪 22.7 克、碳水化合物 4 克。有的人吃肉時，把豬皮白白扔掉，實在可惜。

將肉皮用水煮，加鹽、醬油等作料，降溫後凝固，就做成了別有風味的豬皮凍。把豬皮煮熟、切碎，與黃豆、辣椒等一起烹調，即可做成價廉物美的豬皮辣醬。

10．蘑菇

蘑菇屬於菌類，可食用的蘑菇數百種。其中香菇的營養價值與醫藥用途都名列前茅，常被稱為蘑菇「皇后」。香菇的肉柔嫩，具有獨特的鮮、香和甜味。它不僅含有蛋白質、脂肪、糖和維生素B1、B2，還含有鈉、鈣、磷、麥角固醇（在人體內可轉成維生素D的物質）等。

香菇菌絲體的提取液營養全面，容易吸收，被選為太空人食物。香菇還含有三十多種酶，吃香菇可治療某些酶缺乏之病。香鏈體中有一種「誘發劑」，可以使人體產生「干擾素」，提高身體抵抗力，以戰勝侵入人體的病毒。吃香菇還有抑制血中膽固醇升高和降低血壓的作用。從香菇中提取的多醣體具有抗癌作用。

「草菇」肉肥嫩、味鮮美，稱為「美味草菇」。草菇所含營養物質包括十七種胺基酸，其中包括八種必需胺基酸，營養價值是相當高的。

在各種食用蘑菇中，著名的品種還有冬菇、木耳、羊肚菌、竹笙、雙孢蘑菇、松菇、猴頭菇、秀珍菇和滑菇等。世界上聞名的竹笙不但菌體細嫩潔白、味道鮮美可口，而且能延長湯類食品的存放時間。冷香菌又叫茅草菌或凍菌。這種菌清香四溢肉質細嫩可口，菌體肥大厚實，是野生菌品中珍貴的食用菌。

許多蘑菇不僅味道鮮美，營養價值高，而且含有抗癌物質。

11．黑木耳

黑木耳用水浸泡發大之後，就恢復了它的本來模樣，黑木耳也是久負盛名的一種食用菌，它生長在林中枯木上，形狀和人的耳朵相似，又略呈黑褐色。

黑木耳在醫藥上有重要用途。有幫助消化纖維類物質的特殊功能，是棉、麻、毛紡織廠工人的保健食品。在中藥上有補血、強精、鎮靜等作用。另據研究，黑木耳還含有抗癌物質。

12．銀耳

銀耳又名白木耳，是一種珍貴的食用和藥用菌類，它生長於適宜的樹木上，十九世紀才被人們發現，栽培歷史還不到一百年。

銀耳含有豐富的膠質，多種維生素和17種胺基酸，據檢測，每 100 克乾銀耳含粗蛋白質5克、粗脂肪 0.6 克、膳食纖維 2.6 克、碳水化合物 79 克、鈣 380 毫克、鐵 30 毫克，此外還含有維生素B2、維生素C等。

銀耳有強心、補腎、潤肺、生津、止咳等作用。對慢性腎炎有一定的療效。近年來，還有人發現，銀耳含有抗癌物質。

13．海帶

被譽為「海中蔬菜」的海帶，屬於低等植物中的褐藻類，營養豐富，尤其是含碘量高。據測定，每 100 克海帶中含碘 0.3-0.7 克，比海水含碘量高萬倍。在所有的食物中，海帶含碘量名列第一。所以，吃海帶能夠提供給身體大量碘。

14．柑橘

柑橘含有多種有機酸和糖分，尤其是維生素C含量比蘋果、梨都要高出許多，是獲取維生素C的佳品。

柑橘全身都是寶，除作為水果吃以外，橘皮、橘絡、橘核還可以作藥用。橘皮是很好的藥材，能理氣、調中、燥濕、化痰。治胸腹脹滿、咳嗽痰多，也能解魚、蟹毒。家裡吃完橘子把橘子皮晾乾保存，經常泡橘皮水喝對健康有一定好處，橘皮中的維生素C的含量比橘瓤還多。維生素C又溶於水，所以泡水喝也能獲取維生素C。民間常用橘子皮、薑片加冰糖熬水喝治療風寒感冒咳嗽。

橘絡。皮內或橘瓤外表白色的筋絡就是橘絡。橘絡能通絡、理氣、化痰。因此，在吃橘子時最好不要把橘絡撕下，要連橘絡一起吃。橘核也是一種藥材，有理氣止痛的作用，可治療疝氣、睪丸腫痛、乳痛、腰痛等症。把橘核焙乾粉碎塗於患處，能達到一定的消腫止痛的作用。

新娘飲食要點

年輕女子結婚後，生理上會發生很大的變化。如果營養不良，會影響身體健康，嚴重時還會引起月經不調等婦科疾病，影響夫妻生活。

新婚女子需要多吃些營養豐富的食物，如雞蛋、牛奶、肉、魚、豆等食品。在加強營養時，也要注意營養適當，如果營養過剩，會引起身體發胖，失去女性特有的優美體態。

新婚女子在飲食上應講究合理搭配，不能偏食。只有把多種食物蛋白質混合食用，才能提高蛋白質的品質，而且還可以滿足肌體對無機鹽、維生素、糖等基本營養素的需要。具體說，在主食方面，應粗細搭配，蔬菜與肉類搭配。

每一個新娘子，都希望自己的皮膚柔潤，頭髮烏黑，身材勻稱，這些都與食物中的各種維生素密切相關。維生素A可以潤澤皮膚，使人目光明亮。它主要來源於各種動物的肝臟、魚類、乳類、禽類、蛋類和胡蘿蔔、菠菜等蔬菜。維生素B可以使皮膚光滑，它主要來源於穀類、豆類、動物內臟、瘦肉及蛋類。因此，應經常吃蛋白質、維生素和礦物質含量較多的食物，如水果、胡蘿蔔、葵花子、大豆、花生、芝麻等。

如果是油性皮膚，要少吃些動物脂肪，多吃些新鮮蔬菜和水果，以及豆腐一類清淡食物。乾性皮膚的女子，則應增加豆油、豆漿、β-胡蘿蔔素的食用量。

食物中的微量元素對於新娘來說，更是不可缺乏的。比如缺鋅，會影響生殖器官的發育。新娘的食物中應多安排些穀類、豆類和動物內臟，以便從中攝取鋅元素。又如鐵，年輕女子平均每天至少需要鐵元素15毫克以上，在月經期對鐵的需要量就更大了，一旦缺鐵就會出現貧血。所以應多吃些動物肝、心、腎、瘦肉和雞蛋等食物。

女子性興奮的食療

女性性慾是受多方面因素影響的。精神、心理、社會、生理和病理等方面因素，都可引起女子性慾異常。個別女性對性生活缺乏快感，以致冷感、厭惡。這種情況的出現，原因是多方面的。卵巢功能不足、腎上腺皮質和腦垂體等內分泌功能失調均是本病的原因。而大多數女子則是由於情緒憂鬱、恐懼、性生活不和諧等心理因素造成的。

中醫認為，該病多因下元虛冷、寒氣凝結，或腎陽虛衰、風冷之邪乘虛侵入，冷氣乘於陰部所引起。此病的治療，除了心理治療外，配以適當的食療法，對改善性功能，提高性慾有較好的效果。影響性愛的因素有很多，歷史上流傳下來的性愛保健食品更是種類繁多。遠在古羅馬時代，人們就發現魚類可以有效的治療皮膚乾燥，是成長性慾的理想食品，特別是鯊魚肉，一直被當成性催化劑。

法國人普遍喜愛喝巧克力湯，西班牙人則把巧克力當成是刺激性感的食物。他們都認為，巧克力中的能量和興奮物質可導致人的新陳代謝更加旺盛。

雞蛋是人體性功能的載體，是性交後元氣恢復的最好補品。阿拉伯人在婚禮前幾天就是以吃蔥炒雞蛋為主，以保證新婚之夜的性愛美滿。印度的醫生則建議夫妻在性生活之前應多喝用雞蛋、牛奶、蜂蜜煮成的大米粥。在民間也流傳著新婚晚餐前煎雞蛋的習俗。因為新婚性生活頻繁，體力消耗較大，食用雞蛋可以幫助恢復體力。

鮮蝦在中醫裡都屬於補腎的食物，滋腎壯陽作用早就得到了共識，可以溫暖身體，增加精力，對性慾低下或是性功能弱的人尤為適宜。

能夠增強性生活能力的不僅僅是動物類食物，一些看似很普通的食物也有助性的作用。比如說蔥，就可以促進人體性激素的分泌。韭菜又被叫做起陽草，是一種生長力旺盛的植物，顧名思義對於性功能有促進作用。

松子也是一種傳統的壯陽食品，特別對疲勞感強、有貧血傾向的男性以及缺乏勃起力度的人更有效。松子可直接食用，也可煮粥食用，每天只吃一點即可。

許多人相信食用上述這些食物只要持之以恆，就可以達到預期的效果。根據醫學研究在此提出以下食療方法供朋友們參考：

（1）冬蟲夏草4～5枚，雞肉300克左右共燉，煮熟後食用喝湯。

（2）羊肉去肥油，蒸熟或煮熟，切片，加蒜、薑、豆豉、蔥、茴香、五香醬油等調料拌食。

（3）鮮蝦15克，豆腐3塊，加蔥白、薑、鹽，燉熟食用。

（4）蝦肉50克，用水泡軟。鍋中放油加熱後，與切好的韭菜50克同炒，炒熟後加鹽等調味料食用。

(5)肉蓯蓉煮熟後切片，加入米，羊肉煮粥，加調味品服用。

(6)雞肉50克，黑豆50克，加八角、茴香、桂皮、陳皮、草果、生薑、鹽、味精等，同燉，食雞肉，飲湯。

(7)公雞1隻去內臟，切塊，加油和少量鹽放入鍋內乾炒一會，盛大碗加糯米酒500毫升，隔水蒸熟食之。

(8)取肉蓯蓉20克，洗淨切薄片，精羊肉50～150克，洗淨切碎；大米100克洗淨。同煮粥食用。以上食療方可供性慾冷感的女性食用。經常服用，定會取得效果。

(9)豬腎：豬腎又名豬腰子。含有鋅、鐵、銅、磷、維生素B群、維生素C、蛋白質、脂肪等，是含鋅量較高的食品。中醫認為，豬腎味鹹，有養陰補腎之功效。適宜於腎虛熱性慾較差的女性食用。《本草綱目》指出：「腎有虛熱者宜食之；若腎有虛寒者，非所宜。」因腎虛熱所致的性慾低下者，常食豬腎有提高性興奮作用。

(10)子母雞：為未生蛋的小母雞，含有豐富的蛋白質，維生素E、維生素B群、鈣、磷、鐵等。其味鮮美，性平，有滋陰潤燥、補精填髓之功。營養缺乏而性慾較弱的女子最宜服用。

(11)取附片6克，豬腰2個，洗淨切開去筋膜，切碎共燉，用精鹽、味精調味，飲湯食豬腰。每天1次，連用10天為一療程。

(12)枸杞子30克，500克重以下的子公雞1只，除去毛，內臟洗淨。用50度以上的白酒50～100毫升，加鹽同燉，食肉飲湯。

(13)取活明蝦1對，用清水洗乾淨，放入白酒內將其醉死，撈出後加蒜泥、醬油、胡椒粉、醋、味精、香油等調成的汁蘸食。

(14)烏骨雞：又名烏雞，藥雞、黑腳雞。含有維生素B，維生素E、泛酸、蛋白質、脂肪等。其味鮮美、性平，有滋陰清熱，補肝益腎之功。是成年女子的補益佳餚，《本草綱目》說它能補虛勞、治消渴、益產婦，治婦人崩中帶下，一切虛損等症。女性常食能滋陰補腎陽，提高性慾望。

(15)鴿蛋：含優質蛋白質、磷脂、鐵、鈣、維生素A、維生素B、維生素B2、維生素D等營養成分。具有改善皮膚細胞活力，增強皮膚彈性，改善血液循環，使臉色紅潤等功效。中醫認為，鴿蛋味甘、性平，具有補肝腎、益精氣、豐肌膚諸功效。鴿蛋有提高性功能的作用。性慾旺盛者及孕婦不宜食。

(16)旱鴨：又名洋鴨，麝香鴨。含豐富的蛋白質、維生素和必需胺基酸。其味鮮美，性微溫，有溫補腎陽，提高性機能之功效。可治療因腎陽虛所引起的性冷感。《本草綱目拾遺》指出：「其性淫，雌雄相交，且必四五次，故房求用之；助陽道，健腰膝，補命門，暖水臟。」

（17）黑大豆：又名黑豆，烏豆。含有豐富的蛋白質、異黃酮類物質及β-胡蘿蔔素、菸鹼酸，維生素B等。其中的異黃酮物質具有雌激素樣作用。其性平，有補腎益精，護肝，明目用。現代醫學證明，黑豆有提高女性性慾及美化皮膚的功能。

（18）短豇豆：含有植物蛋白、維生素B、菸鹼酸、粗纖維及鈣、磷、鐵等。其性平，有健脾腎，益氣調中功效。女子常食，可預防婦科病，調節性功能。

（19）甲魚：又名圓魚、團魚，含有膠質蛋白、脂肪、碘、維生素A、維生素B、維生素D、菸鹼酸、蛋白質、鐵、鈣、磷等營養素。其味甘而鮮美，性平。有滋陰補腎，益氣補虛功效。是女性的美食和婦科良藥，對改善女性性功能，預防和治療婦科疾病有較好的效果。女性常食可大補陰之不足，並可提高免疫機能，激發青春活力。

（20）鯉魚：含有優質蛋白質、脂肪、鈣、磷、鐵、維生素B、菸鹼酸等。其味甘，性平，有壯腰補腎、益氣養精之功效。醫學研究發現，雄性鯉魚腹中的囊形白色漿狀物，有提高男性性功能作用；雌性鯉魚腹內的魚子含女性激素，有提高女子性功能作用。一般情況下，女性服雌鯉魚為好。

（21）芹菜：又名香芹、旱芹、胡芹、藥芹等。芹菜含芹菜甙、芫荽甙、甘露醇、β-胡蘿蔔素、維生素B、維生素B2、菸鹼酸、維生素C、蛋白質、脂肪、游離胺基酸、鐵、鉀、鈉、鈣、磷等營養素。中醫認為，芹菜味甘、性涼，有調經止帶、平肝熄風、清熱潤膚、養神益力、健脾利濕、清熱解毒功效。《神農本草經》說：芹菜「益氣，保血脈，止血養精，令人肥美。」芹菜可作為月經不調，白帶過多女性的重要美容保健食品。因為芹菜不但有美容護膚作用，還可治療月經不調，白帶過多，性冷感、產後腹痛等病。可防治高血壓、糖尿病。芹菜還具有提高男女性慾的作用。因此，性冷感的女性及患有婦科病的人常食芹菜有較好的效果。

（22）石耳：含蛋白質、糖類、維生素E和維生素B群等。其性微寒，有益精填髓，補血明目功效。現代醫學證明，石耳可治療女性不孕。《本草綱目拾遺》說：「石耳甘寒無毒，有補血明目之功；婦人食之能暖子宮，易於受孕。」

（23）石松子：含石松子油酸，多種不飽和脂肪酸，木聚糖、精蛋白、雌激素等。其性平，有補腎益精之功效。現代醫學證實，石松子提取物可引起切除卵巢的大鼠出現動情期。女性常服可提高性功能。

（24）烏梅：又稱桂梅、梅果。含有甾醇、維生素E、維生素B群、維生素C、蘋果酸，檸檬酸、鐵、磷等。其味酸、性溫，有健脾和胃，補養肝腎之功效。醫學研究發現，食用烏梅之後，腮腺會分泌出較多的腮腺素。這種腮腺素有「回春」作用。可煥發人的青春，提高性功能和性慾。四十歲左右的女性常食烏梅有保青春作用。

(25)葡萄：含有果糖、葡萄糖、木糖、蘋果酸、草酸、檸檬酸、植物蛋白、維生素A原、維生素B、維生素C、菸鹼酸、鈣、磷、鐵等。其味甘，性平，有補氣血，益肝腎之功效。醫學研究證明，葡萄是強壯體魄，提高性機能活動的食品，並有補氣血、滋腎液、益肝陰、強筋骨、止渴、安胎功效。女性常食有美顏和增強性慾作用。

(26)紅棗：又稱大棗、美棗。含植物蛋白質、脂肪、維生素C、維生素B2、鐵、鈣、磷、蘋果酸、酒石酸等。其味甘，性平。有補氣血、健脾胃、助陰氣功效。氣虛腎虧的婦女經常吃紅棗，可增強性慾望。並有潤膚美顏功效。

(27)桑葚：又稱桑果、桑實。含果糖、葡萄糖、蘋果酸、琥珀酸、鞣質、酒石酸、維生素B群、維生素C、鐵、鈣等。其味酸甜，性微寒，有補腎益肝，滋陰養血功效。婦女常食可調補氣血，增強體質。並有烏髮美顏和明目功效。

(28)枸杞子：又名枸杞。含有β-胡蘿蔔素、維生素、維生素B2、菸鹼酸、維生素C、維生素E、多種游離胺基酸、亞麻油酸、甜芋鹼、鐵、鉀、鋅、鈣、磷等成分。中醫認為，枸杞子味甘，性平，入肝、腎、肺經，有滋補肝腎，益精明目、和血潤燥、澤膚悅顏，培元烏髮等功效。是提高男女性功能的健康良藥。可用於治療肝腎陰虛、頭暈目眩、視物昏花、遺精陽痿、臉色暗黃、鬚髮枯黃、腰膝酸軟、陰虛勞嗽、老人消渴等症。現代醫藥學研究發現，枸杞子有增強肌體免疫功能，增強肌體抵抗力，促進細胞新生，降低血中膽固醇含量，抗動脈粥樣硬化，改善皮膚彈性，抗臟器及皮膚衰老等作用。常服枸杞子，可延緩衰老，美膚益顏及提高性功能。枸杞子有興奮性神經作用，性慾亢進者不宜服用。

(29)龍眼肉：味道鮮美，有強腎補胃，滋陰壯陽作用。對由腎虛引起的婦女蝴蝶斑亦有較好的療效。對於喜吃甜食而胃腸功能較弱的人來說，是良好的促性慾及美容食品。

(30)蜂王漿：蜂王漿為蜜蜂中的工蜂分泌的白色乳狀物，是一種供蜂王食用的特殊的營養物質，又名蜂乳。蜂王漿中含有豐富的對人體有益的營養物質，如二十餘種胺基酸、雌激素樣物質、脂類、β-胡蘿蔔素、維生素B、菸鹼酸、維生素D、維生素E、維生素K、果糖、葡萄糖、乙醯膽鹼、多種轉化酶、蘋果酸、鐵、鋅、銅、鈣、鉀、鎂、磷、錳等約七十餘種成分。現代醫藥學研究發現，蜂王漿是一種很好的保健食品，也是一種抗衰老、護膚美容食品。蜂王漿有明顯的刺激生殖的能力，能提高人體免疫功能，增強肌體抵抗力。可促進新陳代謝，提高造血機能，修復組織，增殖細胞，並可調節神經、血壓、血糖的失衡，增加體力，提高大腦工作效率。具有增強記憶力、延緩臟器、皮膚衰老，消除疲勞等作用；可輔助治療慢性肝炎、慢性腎炎、白血球減少、血小板減少性紫斑、貧血、動脈硬化、冠心病、高血壓、糖尿病、肝硬化、風濕性關節炎、性功能衰退、不育症、不孕症、四肢血液循環障礙、神經衰弱、慢性胃炎、消化功能減弱、潰瘍性結腸炎、復發性口腔潰瘍、婦女更年期症候群、頭暈、支氣管炎、老年人便祕等病症。如果用蜂王漿調蜜，每次服十～十五克，每日早晚各一次，空腹用冷開水沖服，堅持一年以上，有護膚美容，強身健體及增強性功能作用。性功能亢進的婦女，應少吃蜂王漿。

(31)蜂王胚：蜂群中生殖發育完全的雌蜂專門從事產卵，卵置蜂王漿中三～四天後，長大許多倍，這就是蜂王胚。蜂王胚又名蜂王卵、蜂子。蜂王胚含優質蛋白質、卵磷脂、腦磷脂、果糖、葡萄糖、麥芽糖、鋅、硒、鐵、銅、鉀、維生素B、維生素B2、菸鹼酸、維生素D、維生素E、維生素K、多種轉化酶、激素樣物質、游離胺基酸等成分。中醫藥學認為，蜂王胚味甘，性平，有益腎生精，補虛養陰，健脾和胃，悅顏澤膚等功效。《神農本草經》介紹它時說：「補虛羸傷中，久服令人光澤，好顏色不老。」現代醫藥學研究證實，久服蜂王胚，可去老年斑、色斑、枯發、白髮，可使皮膚光潔和更為柔潤。中、老年女性常服用蜂王胚，不但美膚益顏效果好，還可以改善性功能。有性功能低下的女性，可將此物作為優先考慮的護膚美容食品。如果每晚將蜂王胚研磨均勻，塗在臉上，有使顏面變嫩、變白的作用。

(32)油菜籽：油菜籽又名芸苔子。富含維生素E、甾醇，還含有植物蛋白、必需胺基酸、油酸、亞麻油酸等。中醫認為油菜籽味辛、性溫，有活血行氣，壯腰固腎之功，有提高女子性興奮的作用，還具有美膚養顏功效。

(33)肉蓯蓉：肉蓯蓉又名蓯蓉、黑司令。含有對人體有益及改善性功能的微量元素。其性溫，有補腎益精功效，對腎陽虛引起的性慾低下及不孕有較好的效果。

第7章 婚姻生活

婚姻不是愛情的墳墓

有些青年人認為：「戀愛最幸福，一結婚愛情就完了。」「要保持愛情的甜蜜，就不要結婚，一旦結婚愛情就會走向墳墓。」其實，這些說法都是片面的、不正確的。

青年男女戀愛，情意纏綿、令人陶醉，確實是甜蜜和幸福的。但是，男女談戀愛無非是要增加了解、建立感情，以便確定對方值不值得自己愛，能不能作為自己的終身伴侶。因此，戀愛並不是目的，只是導致結婚的一個過程。戀愛過程中，為了給對方留下美好的印象，很多人都注意自己的儀表，言行彬彬有禮，還注意不暴露自己的一些缺點，盡量表現得謙虛、好學、友愛，十分尊重對方，有些人還一有機會就向對方大獻殷勤，盡量滿足對方的要求，以便取得對方的鍾愛。花前月下漫步，郊野海灘嬉遊，聽音樂、逛商場，雙方脈脈含情，傾吐的語言都是甜甜蜜蜜的。戀愛確實是男女雙方十分幸福的時刻。

那麼，為什麼有些人覺得結婚愛情就完結了呢？關鍵是不能正確對待結婚要承擔的家庭責任和義務。他們認為結婚後常常要做各種家事，雙方常常為安排日常生活而操心，為購買物品意見不合而費神，為洗衣、煮飯、清潔打掃而忙碌；有老人、小孩的家庭，還要侍候老人、撫養孩子；有時因為經濟收支和做家事產生意見分歧，還會臉紅耳熱的爭吵責罵。家庭把人捆得牢牢的，哪還有什麼愛？因此，他們得出了「戀愛最幸福」、「結婚是愛情的墳墓」的結論。

毫無疑問，男女雙方結婚後，必然要共同安排家庭生活。有時為一些雞毛蒜皮的小事會發生意見分歧甚至爭吵，在實際生活中，這是很難避免的。男女雙方結婚前，如果確實真誠相愛、情深意篤、心心相印，結婚後，一般都能共同承擔家庭的責任和義務。因為雙方互敬互愛，所以都能主動多做一些家事，發生分歧也能互諒互讓。透過共同生活和處理家事，內心的交流比戀愛階段更多了，感情更加濃厚和融洽，雙方會感到誰也少不了誰，愛情會更加甜蜜和鞏固。當然，如果結婚前，雙方互相了解不深，並不真心相愛，婚後又不共同商量合理安排家庭生活，區區小事也會引起家庭糾紛，甚至造成家庭解體。這種人自認為戀愛幸福，看來是比較虛假的。

男女雙方只戀愛、不結婚，這只是個別青年人的浪漫想法，實際上是行不通的。結婚並不是愛情的墳墓，而是愛情的昇華。結婚組成家庭，共同承擔義務，會使雙方的愛情互相傾注，更加專一。至於害怕家事影響愛情的想法，這也是不切實際的，人都有家，不結婚也有家務事，關鍵是如何正確對待和處理罷了！

家庭和睦的法寶

建立幸福、美滿的家庭，需要全體成員的協調、和睦。人們都希望家庭生活和和美美，回到家裡能感覺溫暖、親切。如果在以下方面能多加注意，就一定會達到家庭和睦、幸福的目標。

（1）尊老愛幼、互敬、互愛。特別是幾代同堂、人口較多的大家庭，如果彼此缺乏互敬、互愛的精神，不能尊老愛幼，就會常為贍養、服侍老人和培養教育孩子的問題互存成見，常為一些家事瑣事發生意見分歧而你爭我吵。互敬、互愛常常能互諒、互讓，有什麼事都願意自己多做點，以展現自己對家人的關懷。這樣全家就能互相關心、互相愛護、互相幫助。

（2）家庭成員之間要胸懷坦誠、不記恨、不積怨、不背後議論、不護短。這在幾代同堂的大家庭裡尤其重要。在實際生活中，發生一些爭吵現象是很難避免的。相互間能吵過就忘、坦誠相待、互不記恨，就能和睦融洽。如果有一些小事就記恨、積怨，背地裡議論對方，最容易引起紛爭，特別是婆媳、姑嫂、妯娌之間更易造成不和。家庭發生了矛盾，要心平氣和的妥善解決，千萬不要丈夫護著妻子，母親護著兒女，護短只會使矛盾加深、家庭分裂。

（3）家庭成員應有一部分業餘時間共同娛樂、相互談心。家庭不是旅館，不能只是吃飯、睡覺才回家。業餘時間除了安排個人的學習、外出訪友外，應注意適當安排一定時間全家人逛公園、購物、看電影、聽音樂、欣賞文藝節目，以增加家庭的歡樂。平時大家忙於工作、學習，彼此的工作、學習、思想情況不一定很了解，應當在業餘時間裡互相談心、交流情況，以便明辨是非，互相幫助、互相鼓勵。

（4）家庭經濟民主，家事安排合理。不論是人口多的大家庭，還是人口少的小家庭，都要注意做好家庭經濟收支的管理。誰收入多交給家裡少，誰存私房錢，誰胡亂花錢，這些都是容易引起家庭成員和睦的因素。家庭應該有經濟計畫，建立家庭帳薄，大家都了解經濟收支，就可避免因為收支問題而發生的分歧。家事勞動誰做多誰做少也容易引起矛盾，因此也要分工合作、合理安排。

（5）注意和鄰居和睦相處。「遠親不如近鄰」，和鄰居做好關係，形成自願互助、共同照顧的好風尚，也是使家庭平安、幸福不可少的條件。

（6）確立家庭目標，注意建立共同的信仰或道德標準。家庭目標的內容十分廣泛，如事業、理想、社會義務、子女教育、家庭基本建設等等。每個家庭各有各的具體情況，因而也各有不同的具體目標。只要新婚夫婦能切合實際，協商一致的確立自己家庭的目標，家庭就能穩定、鞏固、和睦、融洽。

男女雙方都有自己的理想和事業，建立家庭以後，應該互相支持、互相鼓勵。只要對方是為社會盡責，投入工作，另一方就應理解、幫助和支持。這一點對於那些有一方出外或夜班工作的家庭，尤其重要。家庭當然要合理安排家事，共同關心家庭的生活，但是有些人工作性質不同，可能出差多一些、加班多一些，照顧家庭就可能少一些，另一方就應體諒，主動多做一些家事，多承擔家庭的責任，使對方能安心做好工作。因為對方做出的成績也包含了自己的熱情支持和辛勞。

每個家庭都能做到尊老愛幼、和睦相親、友善鄰居、奉公守法、奉獻社會，社會就會得到安定。

養育孩子是一件大事，特別是當前提倡計畫生育，新婚夫婦更應協調一致，確定何時要孩子，怎樣培養和教育孩子。孩子是愛情的結晶，寄託著雙方無限的愛和期望，但是，在確定養育孩子的目標時，必須實事求是，切合實際。

家庭基本建設在男女雙方準備結婚前，就已開始進行了。結婚後，雙方應該根據自己的經濟條件、實際需要和可能性來考慮新的打算。比如：現在青年人結婚一般居住面積都較小，婚後改善住房條件的可能性怎樣？現代家庭用品日新月異，家庭實際需要怎樣？新婚夫婦要以勤儉持家為本，不要和別人比較，應立足於自力更生，不宜依賴父母、親戚的經濟外援，更不要超越自己的經濟收入，追求物質享受，否則對家庭的穩定是有害的。

婚後生活適應

結婚前，男女雙方處於戀愛階段，為了取得對方的鍾愛，一般都是盡量向對方表白自己，展示自己的優點和長處，因此，相互建立的形象都是比較美好的。結婚後，共同生活在一個婚後生活確實和婚前不同環境，如果缺乏心理準備，必然會感到不適應，有時甚至會產生後悔結婚的傻念頭。正確對待婚後生活的變化，才能找出適應的辦法。家庭裡，彼此間的不足和短處，就會透過日常生活暴露出來。有些人的性格、脾氣、待人接物的方式，可能不再像戀愛時那樣溫柔、恬靜、文雅、多情、謙遜、有禮；有些人辦事可能不再像戀愛時那樣勤快、主動、乾脆；有些人的情趣、愛好、習慣可能不再像戀愛時那樣和諧、合拍、隨和。對這些變化沒有心理準備，期望婚後生活仍像戀愛時一模一樣，是脫離實際的。

結婚前，雙方的關係只是朋友或戀人，處理日常生活事務自己可以單獨拿主意，就是徵求對方意見，也會得到尊重。結婚後，作為夫妻要共同承擔家庭的責任和義務，說話、辦事不但代表自己，還代表對方，都要注意為對方負責，都要注意和對方協調一致，否則就容易產生矛盾。這種關係變化使雙方的一些言行受到新家庭的制約，不像過去那樣可以獨立、自主，也使一些新婚夫婦感到很不適應。有些男女青年戀愛時，滿懷熱情、富於幻想，充滿了羅曼蒂克，感到和對方約會互訴衷腸，生活是那樣美好和甜蜜。結婚後，家庭日常的實際生活卻不那麼浪漫，洗衣、煮飯、買菜、清掃、擦洗、侍候老人等全是瑣碎的家事，需要雙方共同去做，一方不主動或做得少，另一方就會有意見，免不了會引起口角。這也是一些新婚夫婦不習慣、不適應的變化。

總而言之，婚前和婚後有許多不同，婚後生活會發生很多變化，新婚夫婦應該對這種變化有所認識，只要不是出自對方的變心或另有圖謀，在心理上應能順應這種變化，使心理得到平衡。雙方應該像婚前那樣保持對對方的鍾愛和信任，經常就家庭生活溝通思想、交流意見，耐心幫助對方認識、克服缺點和不足，共同協商、豐富家庭的生活內容，透過細微的生活瑣事關心和體貼對方。這樣新婚夫婦雙方都能感到家庭生活充滿情愛和樂趣，不適應感自然就會很快消失。

保持個人魅力

魅力是一種吸引人的力量，是人的某些內在特質和修養、氣質以及舉止風度的綜合展現。魅力沒有具體的、統一的衡量標準，它只是他人的一種主觀感受，例如：在社交活動中，某甲的某些素養和舉止風度，某乙十分欣賞，某丙、某丁卻並不感興趣，那麼某甲對某乙就產生了魅力、而對某丙和某丁就沒魅力。

男女互相認識後，彼此感到對方有一種能引起自己興趣和愛慕的特質，雙方就會覺得對方很有魅力，因而吸引雙方加深認識和了解，逐步建立感情，以至結成伉儷。雙方如果覺得對方沒有魅力，一般是很難建立婚姻關係的。如果是迫於各種客觀原因建立的婚姻關係，雙方或一方感到對方缺少魅力，婚後也很容易造成家庭破裂，或是家庭生活極不和諧。因此，結婚後，怎樣使自己在伴侶的心目中永遠具有魅力，確實是鞏固愛情，保持家庭穩定、幸福的因素之一。

結婚前，男女雙方「待月西廂下」、「人約黃昏後」，互相愛慕、充滿熱情，彼此在對方眼中都很有魅力。結婚後，共同生活在一起，時間長了，對方身上的特質已習以為常，不再讓人感興趣，魅力也就會逐步消失。婚後要想使自己在配偶的眼中魅力永存，要注意以下幾點：

（1）注意自己的儀表。一個人服裝整潔，打扮入時得體、談吐風雅、舉手投足，在社交場合既是尊重別人的表現，自己也會得到他人的尊敬。男女相戀初期，往往很重視對方的儀表。有些素不相識的男女，後來成為眷屬，最初互相吸引的魅力就是對方的外表、舉止、風度。因此，婚後要想使自己在配偶心目中魅力永存，還要注意自己的儀表。不要以為結了婚，就不注意修飾自己的外表，不修邊幅，邋遢蹋蹋，蓬頭垢面，會使對方反感。特別是在家裡接待客人，或者和對方外出，一起參加社交活動，更應和對方協調一致，注意修飾打扮，保持良好的風度，使對方的心目中，經常保留自己儀表端莊的印象。

（2）要注意保持自己原有的良好個性。婚後，夫妻共同生活，要互相謙讓，這是使家庭和諧必不可少的。但不應一味追求夫唱婦隨和婦唱夫隨。什麼事情都追求一致，互相唯唯諾諾，似乎家庭和睦、夫妻恩愛，其實，時間長了雙方都會感到生活單調和乏味。因此，在家庭中，雙方都要保持自己原有的良好個性，夫妻一起商量處理各種問題時，各人都有自己的獨立思想和見解，這些獨立的思想和見解往往會使對方感到新奇，產生很強的吸引力。當然，夫妻間千萬別強調個性而使家庭生活不協調，該謙讓的還是應該謙讓。

要不斷的提高自己的內在素養。提高自己素養的關鍵是豐富精神生活。一個精力旺盛、進取心強、朝氣蓬勃、奮發向上的人，會感染家庭的氣氛，吸引和影響配偶，從而也會使自己在配偶的眼中更具魅力。

好丈夫的標準

1．和妻子志同道合，做妻子的好伴侶

丈夫和妻子不但是生活中的親密伴侶，而且是事業上志同道合的支持者。可能雙方的職業不同、受教育的程度不同，但在事業上還是應該互相支持和鼓勵的。妻子在工作中遇到困難，碰到不順心的事情，做丈夫的應該耐心的進行幫助，一起交流情況、分析原因、商量解決辦法。對於妻子的缺點、錯誤，也應善意的進行批評，幫助她提高認識，盡快的

克服和改正，不可包庇縱容。不能為了怕傷害夫妻感情，明知是妻子的錯，也說是對的，這是害妻子而不是愛妻子，從長遠來說，對家庭是不利的。

夫妻之間互相依賴是愛情鞏固、家庭穩定的重要因素。失去信任、互相猜疑，就會使家庭蒙上陰影。「長相知，不相疑」。做一個好丈夫應該信任自己的妻子，特別是對於妻子結交異性朋友，不要疑神疑鬼，更不應該橫加干涉和限制，否則特別容易刺傷妻子的自尊心，造成夫妻感情的破裂。在生活上，妻子可能有些事情做得不合自己的意，或者做錯了某件事，做丈夫的應該表現出寬宏大量的氣度，不要斤斤計較，妻子知道自己錯了，做丈夫的要加以安慰。

2．對妻子忠誠、愛情專一，始終對妻子滿懷熱烈和深沉的愛

這是做好丈夫應具備的美德。缺乏這種品德，結婚後又接受第三者的愛，這是不道德的。這種人不會是一個好丈夫。相反，婚後雖然沒有愛過其他女人，但對妻子冷若冰霜，這也很難說他會做一個好丈夫。

3．注意克服自己的不良嗜好和壞習慣

夫妻共同生活要想和睦、融洽，彼此的一些不良嗜好和壞毛病，都要注意克服，否則很容易引起對方的反感。比如：有的人下班後就打牌，一玩就是半夜；有的去賭博；有的愛酗酒；有的菸癮很大，把家裡弄得烏煙瘴氣；有的不衛生等等。從愛護妻子、維護家庭關係方面考慮，也是從自己身心健康出發，這些壞習慣都是應該加以克服的。

4．和妻子共同承擔家事

家事勞動十分瑣碎，很不起眼，但是如果只甩給妻子一個人去做，她就會有意見，特別是夫妻都要上班的家庭，由一個人做家事是不行的。有些男士還有男尊女卑的觀念，總認為煮飯洗衣、洗碗、疊被都是女人的事，男子漢不屑於做這些事，這是不對的。因此，應該和妻子共同協商、合理安排，一起承擔家事勞動。透過彼此協作處理家庭的日常事務，這樣會促進家庭的融洽氣氛，使夫妻感情加深。

5．有了孩子的家庭，做一個好丈夫還應該做一個好父親

孩子既寄託著父母的希望，也寄託著社會的希望。一個好丈夫應該和妻子共同把孩子撫養教育好，既做慈父，也做嚴師。使孩子從小就能受到良好的家庭教育，將來能健康成長。

好妻子的標準

1．尊敬丈夫，不要使丈夫患「妻管嚴」

夫妻要互敬互愛，丈夫不應有大男子主義，要尊敬、愛護妻子；同時，妻子也要尊敬、體貼丈夫。體貼入微的妻子，會使丈夫感到家庭的溫暖和妻子的可愛，增強眷戀之情。有些妻子對丈夫沒有半點溫情，不分場合當眾無理限制丈夫的言行，以示自己當家的本領。讓別人笑話丈夫得了「妻管嚴」，自尊心受到傷害。這也是一個好妻子不應該做的。

2．支持丈夫的事業

夫妻雙雙在事業上比翼齊飛，當然很好。有時可能丈夫因工作很難照顧家庭，做妻子的應該通情達理，做出犧牲支持丈夫的事業。特別是那些在外地工作的丈夫，妻子更應體貼和鼓勵他，勇敢承擔起家庭義務，使丈夫無後顧之憂，能安心工作，做出成績來。如果不肯作一點犧牲，拖丈夫的「後腿」，這很難說是一個好妻子。

3．對丈夫忠貞不渝

愛情是專一的，要求雙方不但在戀愛階段要相互忠誠，而且在結婚後也要專心相愛，不可三心二意。做一個好妻子必須把感情集中在丈夫身上，只有忠於丈夫，才能要求丈夫忠於自己。總的說來，夫妻關係是互相配合的。

4．做好婆媳、妯娌、姑嫂關係

現在社會上的習慣，在男女結婚後，一般還是女的到男的家裡。如果男方家裡有父母、兄弟、姐妹，就存在婆（公）媳、妯娌、叔嫂、姑嫂關係，處理好這些關係，使家庭和睦，也是一個好妻子應該做到的。

5．能和丈夫同甘共苦、共患難

夫妻之間不但要能有福同享，而且應該能一起承擔艱難困苦，共渡難關。有些人當丈夫富有、工作順利、仕途通達時，能和丈夫一起享受歡樂，對丈夫體貼、照顧。但當丈夫工作出現差錯或者是蒙受委屈，或者身體受傷時卻怨天尤人，對丈夫冷落甚至訓斥丈夫，有的則藉故吵著離婚。這樣的妻子能說是好妻子嗎？一個好妻子在丈夫工作出了差錯時，應幫助丈夫總結經驗教訓，鼓勵他好好工作，將功補過；在丈夫受委屈時，應在精神上加以安慰，想辦法幫他申訴，支持他堅持真理；在丈夫身體傷殘時，應關心體貼、細心照料，使丈夫心靈得到安慰，增加戰勝病魔的勇氣。

6．學會家政，把家事管理好

妻子是家庭的主婦，這是歷史上長期延續下來的傳統習慣，雖然帶有「男尊女卑」的印記，但從女性比較細心、耐心、有韌性等特點來看，妻子管理家事是合適的。做一個好妻子，一般應該掌握一些烹飪常識，知道一些家居布置的美學原理，懂得一些嬰幼兒的養育知識，能管理好家庭的經濟收支。家政也是一門學問，一點家政知識都沒有，很難把一個家庭管理好。人們評價一個家庭主婦是不是賢慧能幹，往往是看她把這個家庭管理得怎樣，要做一個好妻子，不能小看家政。

夫妻談話藝術

生活實踐告訴我們，夫妻之間講話不注意藝術，也可能會引起對方的反感，或者為一言半語爭吵起來，時間長了會傷害彼此的感情，也就是說，有一些家庭夫妻不和、感情分裂，是由於彼此說話不注意造成的。因此，夫妻之間對話還是應講究藝術為好。

1．夫妻對話要真誠、坦率

結交朋友、對待朋友貴在真誠，真心、誠實才能贏得別人的信任。夫妻互愛更應真誠，如果一方對另一方虛情假意、不忠誠，互愛就是表面現象，愛情也不會鞏固。夫妻之間的對話也必須真誠，不說假話、客套話。人心換人心，一方毫無保留的交出真心，另一方也必然「投桃報李」，敞開心扉以誠相見。這樣，夫妻之間才能心懷坦蕩、無拘無束、無話不說。坦蕩直率是指互相交談時不作假、不隱瞞，而不是像人們平常說的想怎麼說就怎麼說，即使講真話也應注意表達的方式，講究效果。

2．講話語氣要親切

夫妻共同生活在一起，天天都要講話，相互講話的語氣要溫和可親。說話粗聲粗氣、大嗓門、冷冰冰的，雖然說話的人本身沒有惡意，但也會使聽話的人感到不舒服、厭煩和心涼。夫妻平常交談，如果一方用對答式、爭論式、審問式、指使式的語氣講話，另一方聽了不會感到愉快，時間長了反會使人覺得地位不平等，心理不平衡，增加彼此的陌生感。夫妻之間無論是討論問題，還是要求對方做事、幫忙，講話的語氣都應以溫和、親切、體貼、關心、請教、徵詢為好，這樣可使雙方的感情融匯，展現夫妻的親密、恩愛。

3．話要說得婉轉一些

人都有缺點，在家庭日常生活中也有做錯事的時候，雙方談心交換意見時，彼此態度要誠懇，話要說得婉轉一些。婉轉不是指說話拐彎抹角，讓人摸不著頭腦，聽不明白，而是指談話時，意見說得很清楚，而表達意見的話，對方聽了覺得悅耳、中聽、容易接受，不產生反感。

4．說話不要帶刺，要注意語言斯文和幽默

說話帶刺，開口就冷嘲熱諷，最容易傷人，夫妻之間也不例外。夫妻之間免不了要開玩笑、互相逗趣、說點樂事，有時還互相戲謔一番，比如：我說你皮膚黑，你說我眼睛小，誰高誰矮等等，如果用語粗俗，連諷帶刺，就容易把人惹急了，認為是對方故意挑剔，貶低自己，雙方的感情就會受到傷害。夫妻交談要注意用語，這既是互相尊重的表現，也能幫助彼此溝通。

雙方開開玩笑可以活躍生活氣氛，但應注意有幽默感，不可過於粗野、庸俗。

與異性朋友相處

社會交往是人們在社會生活中的正常活動。人既然要和其他人結識交往，就可能既結交同性朋友，也結交異性朋友，結婚後，為了不使配偶產生不滿和誤解，以致影響夫妻關係，在結交異性朋友時，就應當注意以下幾點：

1．認識結交異性朋友是現代生活中十分正常的現象

人生活在社會上，必然要在學習、工作、生產等方面和他人交往，也就是人們常說的社交。每個人都有自己的社交活動範圍，有些人可能大一些，有些人可能小一些。每個人都有自己的朋友或知己，有些人可能多一些，有些人可能少一些。有些人的朋友可能同性多一些，或者只有同性朋友；有些人的朋友既有同性的，也有異性的，或者異性的還多一些，有些人結婚後和朋友交往少了，有些人婚後繼續和朋友交往，或者結交了更多的新朋友。有些人是同過學、共過事，彼此建立了友誼；有些人是互相仰慕對方的才華，彼此探討學術、交流技藝，成為知己；有些人是志趣相投，有共同的愛好，成為好友；有些人則是共患難，同舟共濟，成為莫逆之交。男女之間是平等的。既然社交是生活中不可缺少的活動，那麼，配偶交朋友無論是異性還是同性，都屬於十分正常的現象。

2．明確愛情與友誼的區別

夫妻關係是在愛情基礎上發展產生的，愛情是專一的、排他的；婚後，一個人的愛情只能是丈夫和妻子共有。友誼卻是廣泛的，在學習、工作等方面和他人發生聯繫，彼此友好，都可以成為朋友，感情更深的成為知己。

但是，不管友誼多深，彼此也只能是朋友。婚後，雙方結交異性朋友時，明確這種區別是十分必要的。

3．雙方應將自己結交異性朋友的情況向對方講清楚

一般來說，夫妻之間對對方結交的同性朋友，不會引起多大的關心和注意，而對對方結交的異性朋友，則反應比較敏感，容易引起注意或者疑慮。為了不使對方起疑和消除誤解，最好是主動將自己朋友的情況介紹清楚，必要時介紹異性朋友和自己的丈夫或妻子認識，使這位異性朋友成為夫妻間的共同朋友。有時候還應該聽聽伴侶對這種交往的看法，以調適夫妻的感情。

4．和異性朋友交往接觸時，注意掌握分寸

「男女授受不親」是封建禮教的內容，當然已被人們摒棄。但是，朋友畢竟是朋友，在相互交往中，彼此的感情只能限於友誼的範圍。因此，和異性朋友交往接觸的時候，要注意把握住自己的感情，要有分寸，不能讓感情超越友誼的界限。同時，還要在言行舉止方

面，注意光明正大、落落大方。過分的言行舉止是失禮的，也會造成不好的影響。和異性朋友相處時感情上、言行上不注意分寸，很容易造成夫妻感情的惡化，後果是不好的。

5·對配偶充分信任，夫妻之間要互愛、互信

不信任對方也就談不上真正的愛。有些人不能正確對待伴侶的異性朋友，並不是不理解社交的意義，而主要是不相信伴侶。一看見自己的妻子和別的男人在一起，或者自己的丈夫與別的女人交談，就心起疑團、醋性大發，懷疑配偶有外遇，猜測別人來「挖牆角」，破壞自己家庭。因而限制配偶交友的自由，不准伴侶結交異性朋友。這種人心胸狹窄，氣量很小，雖然不一定認為伴侶和異性朋友已有什麼不正常的行為，但總是疑神疑鬼、不放心對方。這樣必然傷害配偶的自尊心，傷害彼此的感情，從而導致家庭不和、夫妻反目。

有些人喜歡搬弄是非，看見不是夫妻關係的男女在一起，就嘀嘀咕咕，造謠生事，弄得流言蜚語。對配偶不信任的人最容易接受這種流言蜚語的影響，加深對伴侶的懷疑，影響夫妻關係。因此，對伴侶要充分信任，不要隨便懷疑。

當然，如果確實證明對方有外遇。那就另一回事了。對待這種伴侶要根據具體情況、分析原因、曉之以理、幫助其認識錯誤，使之欣然改正。但也要注意不能限制愛人交異性朋友，更不應該一見對方和異性接觸就疑團頓起、暴跳如雷。

6．注意不要背著伴侶單獨和異性朋友約會

和朋友約會是正常的現象，和異性朋友有時候需要單獨約會，這也是常有的事。但一定要注意不要背著配偶，否則很容易引起誤解。有些人怕引起誤會，不但背著配偶和異性朋友約會，而且當伴侶問起時，還故意遮遮掩掩不講真話，這樣反而會使對方疑團難解、誤會加深，很容易引起夫妻感情的淡化和破裂。

7．把伴侶的異性朋友當成自己的朋友，態度要自然

男女相愛結成夫妻，雙方的朋友就成了一家之客。因此，伴侶的朋友就是自己的朋友，伴侶的異性朋友也包括在內，應該以禮相待。如果一個家庭裡，丈夫對妻子的異性朋友來訪不睬不理、冷言冷語，妻子對丈夫的異性朋友來訪醋性發作、拒之門外，這種夫妻關係就很難和睦相處。

對待伴侶的異性朋友來家做客，禮貌相待、招呼周到，還能加深彼此的信任，深化夫妻間的感情。

8．夫婦雙方要珍惜愛情，加強「婚後戀」，使雙方的感情至深至密

男女經過戀愛到結婚，建立家庭，是有愛情基礎的。婚後雙方都要加倍珍惜這種真摯的愛情，並且要在共同生活的過程中，像初戀時那樣，互相尊重、互相愛慕，使彼此的感情更加濃厚，相互關係更加親密。夫妻恩愛，家庭幸福，第三者要想插足其間是比較困難

的。如果夫婦雙方不注意婚後的感情發展，以為一張結婚證書就可以保證夫妻關係不被破壞，那是過於單純的想法。夫妻之間在日常生活中可能總會出現一些不大一致的想法，甚至會因為一些雞毛蒜皮的小事發生口角，這也屬正常現象。如雙方注意感情交流，仍像戀愛時那樣互敬、互愛，有些矛盾，會很快解決，相互的不同見解還可作為個性特點而得到尊重。但如果忽視彼此的感情交融，就容易使分歧日積月累，加深矛盾，分裂感情，第三者就可能乘虛而入。

9．夫婦雙方發現有第三者介入家庭，要如實向對方說清楚

互不隱瞞、態度明朗，雙方共同採取措施，能更好的防止第三者。

10．夫婦雙方要樹立起對婚姻、對家庭、對社會的責任感

男女雙方的婚姻關係一旦確立，就受到法律的保護，夫妻關係不僅是夫妻倆的事情，而且也涉及到經濟、道德、法律、義務等各方面的家庭、家庭關係問題。丈夫妻子都要對家庭負責，對社會負責。有了家庭、社會的責任感和義務感，就會自覺的抑制感情外泄，有力量抗拒第三者的感情誘惑。

如何加強「婚後戀」

所謂「婚後戀」是指夫婦婚後仍像婚前那樣互相愛慕，使感情鞏固、昇華，使家庭更加美滿、幸福。

現在有些青年人不大注意「婚後戀」，以為戀愛只是結婚前的事，結婚後雙方關係已是穩固，不必再像戀愛時那樣向對方表示傾慕了。有的甚至認為：「領了結婚證書，對方就是自己的人。」「米已成炊。」因此，婚後不再注意尊重對方。有的甚至「大男子主義」的威風，頤指氣使、隨心所欲，把妻子當成奴僕；有的撒嬌耍嗔或無理取鬧發狠，對丈夫實行「妻管嚴」。這樣做的結果，必然會使婚前彼此建立的一點愛情成為泡影，婚姻關係就會出現危機。

年輕男女戀愛期間，雖然雙方都有所了解，但是彼此的接觸機會畢竟有限，戀愛期間的了解也就不夠全面。結婚後，共同生活、朝夕相處，相互之間的了解增加了，對方身上的長處和短處體會得更深一些。戀愛期間，雙方的缺點一般是不大暴露的，婚後才看清彼此的不足。如果結婚後不注意互相體諒、互相幫助，使感情深化，對自己的缺點滿不在乎、肆無忌憚，很可能會使對方產生反感。人都有各式各樣的不足，婚後才互相發現並不奇怪，只要雙方仍像戀愛時那樣互相尊重、態度誠懇、謙虛，體諒多於指責，雙方的感情就不會「冷卻」。

有些青年人說，我們戀愛了好幾年，經歷過許多考驗，感情是鞏固的，沒有必要注意什麼「婚後戀」。從戀愛到結婚，雙方感情當然是逐步加深，但不等於說婚後感情就不會發生變化。戀愛過程的時間相對來說是比較短的，相互依戀、盼望與對方共成眷屬的心態，往往表現得謙和、虛心、寬宏大度，能容忍對方的一些不足，能遷就和滿足對方的一些要求，相互傾心，形成較強的「愛」的「磁力」，彼此的感情就容易增溫而昇華。結婚後會因為生活中的摩擦而引起分歧，如果以為夫妻關係已定，不注意維護彼此的感情，「愛」的「磁力」就會漸漸消失。

珍惜夫妻感情、家庭和睦的人，一般都很重視「婚後戀」，很注意尊重對方，在生活、工作、學習、娛樂方面常常互相尋求意見一致，並且互相體貼照顧，使彼此的感情更加融洽、和諧。

正確對待婚後感情變化

在現實生活中，不少新婚夫妻常常抱怨結婚後對方變了，不像結婚前那樣鍾愛自己，對自己感情冷淡了。其實，結婚前後生活不同，人的感受不同，覺得有些變活的不同，表達感情的方式發生了變化，但對伴侶的鍾愛之情並沒有減弱和改變；一種是對伴侶的感情確實逐漸冷感，甚至感情轉移。應該根據情況細心分析、具體解決。

結婚前，男女之間互相鍾情、互相追求，為了得到對方的愛，感情的表達方式是比較外露的、主動的，而且毫無保留。真可謂情意纏綿、愛心切切。熱戀時，對方提出任何要求，只要自己能辨得到，都會想盡辦法給以滿足；對方稍有不快，就會心情不佳。這種變化也是很自然的現象，不必為此不安，更不要隨便埋怨、責怪對方。

一般來說，結婚後感情發生變化有兩種情況：一種是隨著婚後生活主動詢問緣由，想辦法、賠不是，使對方笑，關懷備至；有些人結婚以後，因為雙方關係已經法定；就產生一種「婚後安全感」，覺得對方已是自己的人了，不再怕被「甩」掉。對配偶的感情雖然沒有改變，但不再像婚前那樣主動和外露。再加上家庭的實際生活需要夫妻共同安排，油、鹽、醬、醋、吃、穿、住、用，都是些瑣碎的、具體的問題，不解決好，家庭生活就不好過。下班回家就要趕緊買菜、動手做飯，然後是洗刷清掃整理。有些人可能把夫妻間的感情都透過家事勞動來表達，比如給愛人做好吃的，替對方多做些家事勞動等等。對方不適應這種變化，還在回味熱戀時的浪漫情調，還希望像花前月下那樣卿卿我我，否則就埋怨對方變心，這是很不實際的。夫妻之間出現了這種變化，應互相交談，溝通想法，面對現實，共同調適家庭生活。想法溝通了，生活適應了，問題也就解決了。

有些夫婦結婚前的感情並不很深，雖然也會互相表示愛慕，但是互相了解不夠；婚後一起生活，才發現對方不是自己理想的伴侶，因而感情不但沒有加深，反而逐漸冷感。如果發現伴侶在感情上出現這種變化，應該平心靜氣的互相交換意見，雙方都把自己的想法談出來，找出彼此認為應該克服的缺點和不足，回顧和肯定彼此建立的感情基礎，互相鼓勵、互相勸勉，只要雙方心不分離，感情就會逐漸由淡變濃。在家庭生活中，多給對方一些溫暖和體貼，也會使感情深化。

有些人有喜新厭舊的不良特質，結婚前向對方求愛可以對天盟誓、好話說盡，什麼「海枯石爛永不變心」，「沒有你，我覺得世界黯然無光」。但是，一旦結婚後，很快就原形畢露，感情立即向新的追求目標轉移，和愛侶同床異夢，勉強維持表面上的夫妻關係。和這種人結婚可能過於匆忙，也可能是了解不夠，但結婚已成事實，解決的辦法要看具體情況。應先誠心誠意的指出對方的毛病，提出幫助改正的意見。還可以請對方的好友加以細說。如果對方不思悔改，那就應該嚴肅認真的思考彼此的關係了。

雙方性格不同怎麼辦

青年男女從相識到戀愛階段，彼此都有吸引對方的魅力，或品德高尚，或博學多才，或品貌出眾，或風度翩翩，因而互相欣賞、互相傾慕、互相尊重，最後喜結秦晉。至於對方的志趣、性格，婚前有時被忽略了，或者被認為和主要條件相比是次要的而未引起注意。婚後，雙方共同生活，才逐漸發現彼此的志趣、性格不同。這種情況在許多已婚的夫妻間都存在，應該說屬正常現象，不必為此大驚小怪。

當然，一般男女青年戀愛期間，除了注重對方的品德、情操、修養、文化素養、容貌、健康狀況、舉止風度外，也十分注重對方的志趣、性格。志趣、性格相同的人比較容易談得攏、合得來，彼此的感情也比較容易接近。也有些人在交往過程中，明知對方的志趣性格和自己不同，但對方的其他條件很合自己的意，因而決定和對方結婚，婚後雙方雖然性格不同，但彼此仍深深相愛，家庭顯得十分和睦。

人的志趣、性格不可能完全相同。因此，如果結婚後才發現對方的志趣、性格和自己不同，也不必非強求一致，並不是夫妻樣樣相同才好。世界是五彩繽紛的，只有一種色彩就會顯得單調。「二人世界」也一樣，兩個人事事、處處、時時都一致，丈夫是妻子的影子，妻子是丈夫的影子，那也會使家庭單調乏味，顯得毫無生氣。

人們常常強調夫妻之間要志同道合，並不是說連做什麼工作、喜歡什麼都必須完全相同。因此，夫妻雙方發現彼此的志趣、性格不同，要互相尊重，不要強求對方改變。只要夫妻相愛，愛情的紐帶緊緊維繫著家庭，雙方的志趣、性格不同並不會影響彼此的關係。一方喜歡音樂，另一方喜歡繪畫；一方喜歡交友，另一方喜歡獨自讀書思索；一方沉默寡言，凡事多聽少說，另一方活潑好動，遇事愛發表高見；一方辦事快速急切，另一方辦事慢條斯理等等。這些都是志趣、性格不同的具體表現，如果強迫對方改變，有時反而會引起反感，造成感情的分裂。俗話說「稟性難移」，一個人的志趣、性格是長時間形成的，一般不可能一下子改變。夫妻之間要在互愛的基礎上，尊重對方，這是志趣、性格不同的夫妻和睦相處的重要辦法。

人的志趣、性格有好的，也有不良的。比如：有的人脾氣暴躁，動不動就發火，甚至動手打人；有的人依賴性太強，缺乏主見；有的喜歡不健康的娛樂等等。夫妻之間發現對方身上有這些不良的志趣、性格，不要鄙視對方，而應該透過日常生活的磨礪，好言相勸，讓對方認識到非改不可，慢慢的提醒和幫助對方加以改變。夫妻之間還要彼此主動調適自己的志趣、性格。首先，要能自己認識自己，發現自己的不足，才能自覺的改變不好的性格。其次，應該向對方學習，發現對方身上好的志趣、性格，就要下決心努力培養，使自己也具有和對方相同的志趣、性格。這樣做，當然需要積以時日，不可能幾天工夫就能養成，因此雙方都要有信心和耐心。

婚後包容對方的缺點

戀愛中的男女相互依戀熱切，約會頻繁，恨不得業餘時間天天都在一起，真有「一日不見，如隔三秋」之感。但是，婚後天天都在一起生活了，卻常常為一些瑣事吵架，弄得夫妻感情淡化。這種情況大多是戀愛過程中互相了解不夠，婚後彼此又不能正確看待對方的缺點所造成的。

俗話說：「金無足赤，人無完人。」世界上確實沒有十全十美的完人，任何人身上都可能存在這樣那樣的缺點。夫妻之間理應懂得這個道理。有些青年人對生活過於羅曼蒂克，總以為自己愛上的人是那樣完美無缺，婚後也一定像戀愛時那樣互相遷就、體貼。因此，在婚後的家庭生活中，對方的性格、脾氣、興趣愛好、生活習慣、文化修養、生理特性等方面的不足，有時弄得自己很反感，彼此就會互挑毛病、互相指責。有些青年夫妻相吵，親友問起緣由，雙方都說不出彼此有何分歧，只是說看不慣對方的「臭毛病」，「我什麼都可以包容，就是包容對方的臭毛病太懦弱。」

夫妻相愛卻不能包容對方的缺點，是不適應婚後生活的表現，也是缺乏理智的表現。

包容對方的缺點是不是太懦弱了，這要看對方的缺點屬於什麼性質。如果對方的毛病是原則性的，比如：愛占便宜、損人利己、投機鑽營等等。對這些毛病，當然不能包容，不能因為夫妻關係就不聞不問，包庇對方這些原則性的毛病，自己也在犯錯誤。發現對方有這些毛病，應及早關心，並且應該嚴肅的向對方表明態度。這樣做正是為了維繫夫妻關係，是在挽救對方，使對方不至於走得更遠，犯更大的錯誤。如果對方的缺點屬於非原則性的，比如：愛喝酒、愛抽菸、愛亂花錢、性格懶散不愛做家事、不衛生等等。結婚前，可能彼此沒有發現對方這些缺點；結婚後在長期生活中逐漸發現了，就不要指責對方，也不要過於苛求對方立即改正，而應採取包容的態度，隨後慢慢幫助對方糾正，這是夫妻相處應該採取的正確做法。認為包容對方缺點太懦弱，那是沒有道理的。

當初戀愛時，雙方必然都有吸引對方的長處，因此才彼此鍾情。結婚後，還是應該互相多看優點，珍惜愛情。對於對方的缺點採取包容的態度，並不是說任其發展。我們知道，有些人的習慣、毛病是較長時間形成的，不太容易一朝一夕就馬上糾正，夫妻之間可以透過談心、交換意見提出來，幫助對方逐步改正。有時還需要用實際行動來幫助，使對方在潛移默化中慢慢的加以糾正。包容就是要面對現實，有耐心，不整天指責。

如果不能包容，經常嘮叨嘮叨的數落對方，不但不能有效的幫助對方改正，反而會使對方反感，從而引起抱怨、吵架，沒完沒了，那樣家庭和睦、夫妻恩愛就都談不上了。因此，古時有「忍字家中寶」、「忍得一時之氣，免得百日之憂」的說法，外國也有「忍耐是痛苦的，但它的結果是甜的」、「結婚生活，最重要的是包容」的說法，這些都不無道理。

與雙方親友相處的訣竅

男女結婚後成為一家，丈夫和妻子都是家庭的主人。丈夫的親朋好友也是妻子的親朋好友，妻子的親朋好友也是丈夫的親朋好友，都應當正確與之相處。

「有朋自遠方來，不亦樂乎！」親朋好友到家作客，是使人高興的事。夫妻雙雙出門走親訪友，也是人之常情。特別是燕爾新婚，親朋好友前來表示祝賀的可能多一些，人來客往，會使新婚的小家庭增添歡樂和喜慶的氣氛，是件好事。當然，家庭裡如果親朋好友來往不斷，接待起來要花時間、精力，增加開支，也影響正常生活。夫妻之間如不能正確處理，很可能會因此意見不合，影響夫妻關係。為了使家庭和睦美滿，正確和雙方親友相處，也是十分重要的。夫妻雙方和親朋好友相處，要注意做到以下幾點：

1．互相尊重，互相體諒

夫妻之間對待對方的親友不但要一視同仁、禮貌友善，而且相互間也要互相尊重和體諒。丈夫和妻子的親友有多有少，來登門拜訪的人數、次數也各不相同，有的遠道而來，走時還要買點禮品相送。招待客人要花錢、費精力、耗時間，夫妻之間要從愛護、尊重對方出發，互相體諒，不要計較誰的客人來得多，誰的客人待的時間長，誰的客人來了開支大等等。計較誰的客人如何如何，既不禮貌，也很傷對方的感情。無論你有任何想法，都應對配偶的親友保持良好關係，這是尊重伴侶的表現。

2．禮貌友善

夫妻之間不但要不分彼此、一視同仁的接待雙方的親朋好友，而且接待時也要一樣的表現出主人的禮貌友善。迎客、待客、送客都要周到、細緻，使客人感到親切，還可加深彼此的友情。

如果對客人愛理不理、冷若冰霜，客人會認為不歡迎自己，不但客人不高興，丈夫或妻子因為自己的親友坐了冷板凳也會不高興。

親友不願再登門，斷了友情，家裡冷冷清清，並不一定就好。夫妻之間為自己的親友被對方冷落，也會嘔氣或引起爭吵。

3・一視同仁

不論是丈夫的親朋好友，還是妻子的親朋好友，都同等對待，不分彼此，不論親疏。不論是窮親戚或是富親戚，到了家裡一律是客人，都應給予一樣的款待。有些人嫌貧愛富，願意自己家裡多幾個闊氣、體面、有地位的客人，對一些窮親戚、處於困境的朋友、沒有什麼地位的客人總顯出不歡迎的態度，特別是對方的窮親友登門做客，更是很不樂意。這種「勢利眼」的做法，是人的內在品德修養的反映，對客人是不友好的表示，也是夫妻互相不尊重的表現，

必然會引起夫妻不和，感情分裂。

夫妻爭吵對策

家庭是社會的細胞，社會生活的影響必然波及家庭生活，儘管是十分和睦的家庭，有

時也會因為某些社會生活因素的影響，引起夫妻間的矛盾和爭吵。也就是說，夫妻之間有時發生矛盾，甚至爭吵起來，這是正常現象，不要大驚小怪。當然，如果經常爭吵，甚至動起手來，那就是另一種不好的現象了。

夫妻之間發生爭吵後，雙方都應立即態度冷靜的分析引起爭吵的原因和性質，然後再以妥善的方式解決彼此的矛盾。

有些爭吵並不是因為夫妻之間有什麼矛盾引起的，比如：有一對夫妻感情甚篤、恩愛異常，一天妻子下班回到家裡，一臉不高興，手提包一甩，嘟嚷的發了一大堆牢騷。丈夫誤以為是向他發火，就大聲的回敬：「你發什麼火！」結果就吵起來。其實，妻子是在公司受了委屈，有怨氣想向丈夫傾訴，丈夫不但不理解還發火，當然很容易引起不快。如果雙方冷靜下來，做丈夫的聽聽她的委屈，安撫一番，也就不會吵起來。做妻子的也不宜甩東西、不明不白的大聲發火，不能隨便拿丈夫當「出氣筒」。

夫妻發生爭吵的原因，如果屬於非原則性的問題，雙方都應包容。比如：購買物品，哪種牌子更好，你嫌我花錢太多，我嫌你買的品質不好，說兩句就得了，互相諒解退讓，不必為此大動肝火，傷了和氣。在日常生活中，夫妻之間可能有許多地方不完全相同，如室內布置的色彩選擇、物品擺放，每日飯菜調配，作息習慣，家事的安排等等。如果稍有不同，就唇槍舌劍，這個家庭就會永無安寧之日。為這些日常生活問題發生爭吵時，雙方都要退讓，只要有一方不吵，另一方也就吵不起來。有一對結婚四十多年的老夫妻，曾驕傲的向人說：「四十多年我們從來沒有爭吵過。」這對夫妻的經驗是值得提倡的。如果夫妻互不相讓，以為誰退讓，誰就丟臉，那就會傷害彼此的感情。有句古話叫作「以和為貴」，有些夫妻之間因為一些雞毛蒜皮的瑣事就發生爭吵，尤應以此話互相勸勉，多讓對方幾分，爭取夫妻和睦為好。

夫妻之間有時可能因為工作上的是非曲直、學術見解方面的真偽發生爭吵，這種爭吵有利於夫妻之間互通思想、交流認識、加深理解。當然最好是不要過於激動，也不要提高嗓門，以免干擾四鄰。爭論這些工作、學術上的是非，夫妻之間也要注意擺事實、講道理，不要諷刺挖苦。有時一句半句不慎的言詞，也會激怒對方，引起惡性對罵，就會失去互相探討真理、幫助對方提高認識的原意，造成夫妻感情上的損失。

夫妻之間無論怎樣和諧，總會有不同的看法和想法，偶爾發生頂嘴是很難免的，發生爭吵並不可怕，最重要的是不要將爭吵升級，吵幾句就動手打架問題就嚴重了。還要注意不要將夫妻間的爭吵擴大化，把父母、兄弟姐妹也捲進來的，會給家庭不和埋下禍根。夫妻間爭吵過後不要記仇，心胸都要寬闊一些，不要總是記恨對方，不要總是計較我是你非。夫妻都要養成吵過就忘的習慣。

配偶懷念過去情侶的對策

也許你的配偶在和你結婚前，曾和別人結過婚，後來離異了。結婚前，對方已向你談了全部實情，你和對方也是在互相了解、建立了感情之後才結合的。因此，現在對方有時懷念過去的伴侶，你應該心胸寬闊一些，理解和體諒對方的心情。千萬不要疑心重重，否則很容易傷害對方的感情。

我們知道，人是有感情的，突然想起過去愛過的人的一些好處，產生一絲懷念之情，這是很難避免的。有的人初婚的伴侶因病去世或因意外事故不幸死亡，亡夫（妻）忌日或與亡夫（妻）故友相逢，想念是很自然的。有些人和原來的伴侶離婚，原因多種多樣，有的是因為初戀時被對方欺騙了，婚後才發現對方品質不良，無法共同生活；有的是婚後雙方感情不和，長期不能調適，只好分手；有的是因為對方犯了各種錯誤，迫於種種壓力，和對方分道揚鑣；有的是因為對方生理上的原因，只好離婚。

除了因為對方品質壞而離婚的以外，一般來說，雙方都曾有過一段甜蜜的愛情生活，雖然後來分手了或者各自又和他人結合建立了新的家庭，有時是某些外界因素的影響，比如：看到某件事、某個人、某種物品和過去的伴侶有關，人的大腦就會將過去儲存的兩個人在一起的印象反映出來，引起回憶和思念，這是很平常的，也是合乎情理的。

對於自己的配偶懷念過去的伴侶，要從情理上加以理解，千萬不要忌妒、吃醋。理智的辦法是加以安慰、關心，表示同情，如果配偶懷念過去亡故的伴侶，還可主動提出在清明節陪對方去掃墓，使對方感到自己的寬容大度、理解人、尊重人，對方體會到自己的信任、諒解，從感情上就會更貼近自己，逐漸冷感和忘卻過去的一點舊情。

有些人結婚後不注意加深彼此的了解，平常很少交談，思想沒有溝通，白天各上各的班，晚上各忙各的活；互相關心不夠，雙方的感情就會逐漸疏遠。碰到某些因素就可能促使對方回想以前的伴侶。出現這種情況，不要責怪對方，而應引起自己的反思，比如：檢查一下自己是否仍像戀愛時那樣愛對方；婚後在鞏固彼此的愛情方面做得怎麼樣；再婚的人心靈都受過傷害，自己的言行有沒有損害對方自尊心；對對方的關心、體貼夠不夠等等。然後注意在家庭生活中多給對方一些溫暖，主動和對方交流想法，多給對方一些支持和幫助，調諧彼此的感情。新的家庭和諧、美滿，雙方心心相印，時間長了，對方懷舊之情就會淡忘。

怎樣對待有外遇的丈夫

當代的許多男人認為，女人不應一心只為嫁個有錢人，而男人應在有錢之後再結婚。「男人有錢就學壞」這句話，絕不是憑空杜撰出來的。

有的丈夫去夜店、酒店找情人，很快打得火熱；有的丈夫在公司遇到紅顏知己，情投意合；有的丈夫在外面「包二奶」養情人，不惜重金……似乎成為很普遍的社會現象，作為妻子應該怎麼辦呢？

保持冷靜。克制自己的情緒，理智的分析一下原因，找出問題出自誰的身上，是自己做得不好，還是丈夫思想發生了變異；有錢學壞，還是好色天性作怪，抵擋不住色情的誘惑。找到丈夫的「病根」，再對症下藥。

直接對話。作為妻子，可選一個適宜的時間和場合，與丈夫坐下來，面對面的直接對話。氣氛不要太緊張，態度卻要很嚴肅，本著弄清原因，解決問題的態度，請丈夫回答兩個問題：一是自己哪裡對不住他，讓他去外面拈花惹草？二是今後怎麼辦，還要不要這個家？

正確對待。原因找到後，應就具體問題正確對待。如果問題出在妻子身上，體貼不夠、關心太少、失去魅力、家無溫暖等，妻子應多作自我批評，承認不足，並保證逐步改進。如果問題出在丈夫身上，妻子就要看他是否認錯，是否知錯就改，主要看行動是否真正痛改前非。只要丈夫表示痛改前非，為了家庭和孩子可以給他一次機會，並在以後加以規勸。如果口是心非，我行我素或無所謂，不承認錯誤。那就丟掉幻想，只能透過法律，堅決與他分手。包容只能助長丈夫的瘋狂。

妻子不美錯在丈夫

一位名人說過，一個人要為自己的相貌負責。不過，對於女人來說，相貌長成什麼樣，自己只能負一半的責任，另一半則應由自己的丈夫來負。

未出嫁的女孩，就像苗圃裡的樹苗，一個個俊俏挺拔。出嫁了，與一個男人廝守日夜，男人就成了女人的「陽光、氣候、土壤、水分」。男人脾氣暴躁，整日不是「狂風暴雨」就是「天寒地凍」。女人一定憔悴無光；男人修養高，「日照朗朗，和風細雨，滋潤有方」，女人一定熱情奔放，姿容鮮亮。我們總是追求我們所愛的。一個女人愛上什麼樣的男人，她往往就會變成什麼樣的女人。所以，女人如果不美，男人至一半的責任。

一個本來溫順的女人越來越毒辣，一定是她男人不爭氣，讓她不得不出頭露臉。一個本來純潔的女人越來越妖豔，一定是她的男人太窩囊，她只好移情別戀，如此等等。

相反，一個本來很一般的女人，相貌越來越可愛，眼睛越來越靈秀，說話越來越文雅，舉手投足越來越有風度——不用說，她有一個好男人。

男人千萬不要以為美和醜只是女人自己的事，妻子顯得美，丈夫有一半功勞，妻子未老先衰，丈夫也有一半的過錯。

新媳婦怎樣討婆婆喜歡

在現代家庭中，婆媳一起生活的越來越少，即使住在一起、生活在一起的，婆媳關係可以說是兩代人之間比較難處的一種關係。婆媳不和的家庭很多，原因也多種多樣，有婆婆方面的，也有媳婦方面的。但為了家庭的和睦幸福，做好婆媳關係是十分重要的，所以，要求年輕的媳婦主動些，熱情些，以語言和行動親近婆婆，感化婆婆，討婆婆更喜歡自己。

時時刻刻尊重婆婆。現在五六十歲的婆婆，多數是有涵養、有工作的婦女，與兒媳婦生活在一起，寧可自己苦點累點，也要照顧好年輕人。年輕的媳婦則應將心比心，發揚傳統，尊老愛幼，做到話出真心，聲調平和，語氣熱情，開口先叫「媽」。切不可不分老少，講話過衝，聲調過重，語氣堅實，沒有禮貌。辦事時，多和婆婆商量，盡量按老人的意見辦理，即使婆婆的意見不對，也不要與其爭執，可多做解釋工作。

(1)關心婆婆的日常生活。婆婆有工作的，較忙較累，當兒媳的應多做些家事，如買菜、做飯、洗衣服等。有好吃的先讓老人動筷，老人生日時，送上鮮花、禮品或去飯店為老人過生日，表示對婆婆的尊重和關愛。

(2)當婆婆患病時，應及時送老人去醫院，並用溫存的話語安慰老人，做些老人喜歡吃的飯菜，買些滋補的營養品，促使老人早點康復。

（3）當婆婆有缺點時，應予諒解。尤其雙方產生矛盾分歧時，更不能唱反調，要包容、迴避、寬容。

（4）在婆婆面前要親切、熱情，會說軟話。尤其面對性格古怪、脾氣不好的婆婆，更要主動接觸，滿臉微笑，感化老人的心。

（5）不怕遭白眼。媳婦一低頭，婆婆氣全消。但有時婆婆思想轉變慢，態度生硬，給兒媳婦白眼看，媳婦不要灰心，應一如既往的對待老人，手勤腳快，多幫婆婆做些家事，日久天長，老人便會改變自己的態度。

新姑爺怎樣討岳父喜歡

目前，青年人結婚男到女家的不少。岳父、岳母和女兒、女婿兩代人一起生活，朝夕相處，彼此關係處得好壞，直接關係到家庭的和睦、愉快。那麼，做為外來的新姑爺怎樣做才能討岳父一家人的喜歡呢？

首先自己不要見外，不要陌生，應從感情上同岳父一家人達到零距離，既要當好外來的女婿，更要做好親生的兒子。多親近老人，多體諒老人的甘苦，從生活各個方面對老人多加照顧和關懷。就拿住房來說，應把光線足、面積大、通風好的房間，主動讓給岳父岳母，以表孝敬之心，同時也得到岳父岳母的信任。

有些年輕人卻不這樣，總覺得男到女家彆扭，岳父應對女婿實行「優惠」政策，住房要大的、朝陽的，要吃好的，不做家事等，這很不好。

其次在家時，當女婿的要注意自己的言行舉止，以禮相待，尊重老人。說話要文雅禮貌，掌握分寸，不能挫傷老人的感情。自己愛玩愛唱，但不要影響老人的休息。遇事多徵求老人的意見，外出時，要告訴老人自己的去向和時間，免得老人掛念。

吃飯時，應請老人先入座，好飯好菜多讓老人吃；如果老人體弱多病，更要請醫看病，細心照顧。

在經濟問題上，要事先商量好，最好由老人當家理財，女婿和女兒每月交多少生活費，應根據老人的收入和自己的薪資多少，本著寧肯自己少花點，也要使全家生活富裕一些的原則，多交出一些錢。不要因為錢和物與老人爭執。如果老人薪資較低，生活不富裕，新姑爺應盡力分擔家庭經濟困難，勤儉持家，減輕老人的精神負擔。

另外在家事勞動方面，新男人更要主動些，做飯、洗衣服、打掃等，不能一下子全推給老人，自己應搶著做，讓老人得到更好的休息，有更多的時間出外參加康樂活動。

兩代人之間，只要互相關愛、和睦相處，就能建立起親如父子的密切關係。

再婚如何對待先前子女

再婚和初婚的不同點，可能是再婚夫妻的一方或雙方先前有子女，再婚的家庭不單單是二人世界，而是由夫妻及子女多人組成，一方或雙方將成為對方子女的繼父、繼母。繼父、繼母怎樣對待繼子、繼女，是再婚家庭能否穩定、幸福的重要因素之一。

繼父母與繼子女之間沒有血緣關係，從感情上說，要使相互關係密切，難度可能比親生的關係大一些。特別是一些年齡已比較大、對親生的父或母有深刻印象的子女，隨父或母到新的家庭，感情上不大容易融洽。如果以前的父親或母親很疼愛他，現在的繼母或繼父待他（她）不如親生的母親或父親好，必然會讓他（她）想念原先的親人，對新家庭產生反感。有些再婚的夫妻，相互間十分恩愛，但對於對方原先的子女卻很冷淡，視作包袱。嚴格的說，這所謂夫妻恩愛也是含有很大水分的。有句古話叫作「愛屋及烏」，既然十分鍾愛對方，對方的子女就應視為自己的子女。再婚夫妻在婚前戀愛階段，對於對方的家庭情況、有沒有子女都是了解的，準備和對方結婚就標誌著自己將成為對方子女的繼父或繼母，將要承擔起父母的責任和義務。因此，再婚夫妻應該既愛對方，也愛對方原先的子女。

再婚夫妻對待對方先前子女的正確做法是：

（1）從感情上，要像愛護自己親生的子女那樣愛護繼子女，悉心撫養、教育。

（2）如果再婚夫妻雙方都有子女，雙方應努力使這些子女像同胞的兄弟姐妹一樣親密無間，在思想感情上、生活上做到一視同仁，不能厚此薄彼。如果子女之間發生矛盾，千萬不能偏袒親生子女，即使是繼子女理虧一些，也不能過分責備。雙方要協調一致、妥善解決。其實，透過對繼子女的關懷、照顧、撫養、教育，也能使對方領受到自己的深厚感情，加深對自己的愛。

（3）尊重繼子女的感情。有些再婚夫妻的繼子女不願意改換姓名，應該尊重他（她）個人的選擇，不要勉強。有些繼子女有時懷念自己的親生父親（或母親）和原來的家人，應該理解他（她）的心情，有可能時，應讓他（她）去原先的家裡探望。不要繼子女一提原先的父（母）親，就表現不高興，甚至發火，這樣做很容易傷害孩子的心靈。

婆媳「鬥爭」的根源何在

俗話說：婆婆身上背著鼓，到處說媳婦，媳婦身上背著鑼，到處說婆婆。在所有的兩代人關係中，最難調適的就是婆媳關係。

婆媳關係是家庭中最關鍵的關係。在家庭中，如果不算第三代，那麼可能存在五種關係：夫妻關係（老夫妻、小夫妻）、父子關係、母子關係、婆媳關係。父子關係、母子關係由於有血緣關係這個紐帶，一般矛盾不大，即使產生了矛盾也易於解決。公公和媳婦交往不多，一般來說也不容易發生矛盾。比較起來，婆絕關係這一環最容易發生故薄了，而產生矛盾以後又不那麼容易解決。婆媳關係一緊張，父子關係、母子關係、翁媳關係、夫妻關係往往隨之而緊張，全家就不得安寧了。

1．造成婆媳關係緊張的原因

(1)婆媳關係的獨特性。家庭關係是一種以婚姻關係和血緣關係為紐帶而組成的特定的社會關係。但是，婆媳之間既不存在婚姻關係，也不存在血緣關係，而是以婚姻關係和血緣關係為中介而產生的一種特殊關係。母與子，是血緣關係；子與媳是婚姻關係，所以婆婆和媳婦是透過兒子連結起來的。這種關係不如血緣關係穩定，也不如婚姻關係親密。如果處理得好，它可以基本上等同於血緣關係，婆婆「愛屋及烏」，因愛子而愛媳；媳婦「愛屋及烏」，因愛夫而愛婆婆，社會上婆媳親如母女的也不少。但是，如果處理得不好，婆媳可以視同路人。母親和兒子、女兒吵翻了，還比較容易和解，因為一來有血緣關係為基礎，二來有長期共同生活所建立的感情。婆媳之間就不同了，年輕的媳婦既未和婆婆長期共同生活，又沒有直接的血緣關係，所以如果二人之間吵翻了，就不太容易挽回、和解。

(2)婆媳之間的「權力之爭」。婆媳同在一個家庭中生活，有著共同的經濟利益，都希望家庭興旺發達，但是也往往在家庭事務管理權、支配權等方面產生矛盾。過去，男主外、女主內是家庭的傳統；現在雖然男女平等了，但是由婦女主要管理家事還是比較普遍。媳婦進門之前，婆婆充當「內當家」這個角色往往已有十幾年時間。兒子結婚前，她和媳婦並沒有直接的經濟來往；兒子結婚的時候，她也不會馬上意識到自己原來的地位將要發生的變化，還想在擴大了的家庭中繼續掌握生活開支，掌握兒子、媳婦的經濟權或者至少不讓媳婦完全操縱兒子的經濟。但是，媳婦是不會甘心這樣做的，媳婦會想：我有我的經濟收入，我有我的小家，為什麼非要聽命於你呢？所以，對家庭事務也要插手，也要發言，這樣就難免會和婆婆發生矛盾。即使婆媳共同管家，由於在家庭中所處的經濟地位不同，需求不同，對問題處理的方法不同，也往往容易引起矛盾。

(3) 婆媳之間生活習慣的差異。由於生活環境不同，各家的情況不同，婆婆和媳婦的生活習慣各異。媳婦和婆婆的兒子戀愛時，僅是偏重兩人情感的融洽，住到婆家後，還有個生活上相互適應的過程。一方面，媳婦對這個新家庭環境往往不那麼習慣；另一方面，婆婆對媳婦的生活習慣也不一定很看得慣，例如：媳婦用錢太省，算得太精；媳婦喜歡睡懶覺；媳婦家事做少了；媳婦總是回娘家；媳婦買了東西給娘沒給婆婆等等。如果婆婆不是那麼豁達大度；話又比較多，和兒子、親戚、鄰居談了，而又傳到媳婦耳朵裡去了，那麼矛盾就大了。

（4）婆媳之間的感情之爭。有一個問題幾乎難倒了所有已婚的男人，那就是「如果你母親和妻子同時落水，你先救哪一個？」大多數男人圓滑的回答說「兩個一起救」。當進一步逼問「只能先救一個，你先救誰」時，大多數男人就露出了苦惱的表情，不知做何回答。

實際上，在大多數男人的心目中，母親和妻子的分量相當，不存在「偏愛一方」的問題。因為母子之愛不同於夫妻之愛，男人沒有辦法在實際生活的各方各面完全做到「一碗水端平」，於是就產生了婆媳之間對兒子的感情之爭。

兒子是母親養大的，母子關係是很親的，但是媳婦進門以後，這種關係必然產生變化。兒子自立了，儘管還是在家庭中生活，但是小倆口總還有自己的活動，有自己的打算，有家庭所包括不了的經濟開支。在這一系列問題上，和兒子最後一致的是妻子而不是母親。兒子和母親相隔一代，在思想上、心理上有差異，有時共同語言不那麼多，但是和妻子又是相當一致的。所以，兒子結婚以後，和妻子的密切程度往往超過了和母親的密切程度，做婆婆的如果對此不能正確理解，就會認為兒子「娶了媳婦忘了娘」，從而對媳婦產生看法，引起婆媳間的矛盾。

2．婆媳之間的矛盾表現

（1）在家庭經濟支出方面。例如：媳婦花錢方式不稱婆婆的心，婆婆花錢不合媳婦的意；再如，媳婦給娘家錢沒和婆婆商量等，都會引起婆媳矛盾。

（2）在家事勞動方面。婆婆把家事勞動都推給媳婦，當「甩手婆婆」；或者媳婦全然不理家事，當「甩手媳婦」；或是婆媳同做家事，但一方做得多，一方做得少，或者一方做得不合另一方的心意等，都會引起婆媳矛盾。

（3）在管教孩子方面。在日常生活中，一般婆婆總是比較溺愛孫子孫女，媳婦雖然也疼愛自己的兒女，但是由於諸種原因而打罵了兒女，就會引起婆婆的不滿。尤其是媳婦借打孩子來向婆婆出氣，更容易引起婆婆的不滿。

（4）在對待家庭成員的態度方面。如果婆婆對子女不平等，厚此薄彼，那麼將會引起媳婦的嚴重不滿，媳婦對這個問題是比較敏感的，往往容易認為婆婆待自己和自己丈夫薄了，甚至抱怨自己的丈夫和他的兄弟姊妹「不是一個娘養的」。

怎樣才能做個好媳婦

剛剛嫁為人婦，同時成為人媳。面對新角色，新娘也許懷著忐忑、幾許戒備、幾分恐懼，去面見自己的公公、婆婆和小姑。新娘的這些心情是可以理解的，婆家的人一般會以挑剔的眼光或以期待的眼光來看待這個無血緣關係的新成員，與婆家人關係是否融洽，不是單方面努力就能達到的，也不是短時間就能解決的。就新娘而言，要注意一些基本的準則。

1．你可能很難去愛他們但必須尊敬他們

尊敬意味著尊重、寬容和諒解。具體可表現為遇到和家庭有關的事，多和公婆商議，如和公婆同住，家庭經濟管理方式，以服從公婆意見為好；尊重他們的生活習慣，對公婆的某些自己不喜歡甚至反感的言行予以寬容；對老年人的一些怪癖給以諒解等等。適應是尊敬之後的第二步。公婆一般年齡較大，在思想、觀念、生活習慣上可能和年輕人有較大的差距，初為人媳的新娘應充分重視這一點，努力讓自己適應，如果不是重大問題，應盡量遷就公婆，避免發生正面衝突。適應需要一個較長的階段，要有足夠的耐心和心理準備。如果公婆是較為開明的人，那麼，在尊敬的前提下，不妨試著和他們做朋友，多一些交流，創造輕鬆的氣氛，也許會使公媳、婆媳關係變得愉快而令人滿意。

2．你可能會感覺不公平，但必須理解他們

著名電影演員王姬曾撰文介紹如何處理婆媳關係。文中介紹在吃飯時婆婆會把大雞蛋留給兒子吃，而把小雞蛋留給媳婦吃，對婆婆的這種偏心，她給予了充分的理解，認為這樣做自然合情合理，是母愛的真實流露。

每個家都有自己處理問題的方式方法，兒子和父母之間總有獨特的相處方式，如果公婆訓斥兒子或者單獨和兒子商量什麼，做媳婦的大可不必懷疑這是否是針對自己或不信任自己。在令人敏感的家庭經濟問題上，更應如此。倘能做到胸襟開闊，對事不關己的家事高高掛起，會讓人讓己都少許多無謂的煩惱。

3．婆婆不等同自己的母親，你不要期望過高

母女情感是幾十年建立起來的血緣親情，而婆婆幾乎是一個陌生人，沒什麼感情聯絡，所以期望婆媳關係和母女關係一樣親近自然，期望從婆婆那裡獲得如母親一般的寵愛溫情，是不切實際的。另一方面，如果苛刻的要求自己一定要做個好媳婦，可能會遇到不盡如人意的地方，也許你為自己的目標做了許多努力甚至甘願受委屈，結果卻並非如你想像的，婆媳之間還是有著難以逾越的距離，婆婆待你還是絕對不像待女兒，你會因此而失望、沮喪，甚至積怨。正確的態度應是既無苛求也不消極，以隨和的心境來看待婆媳關係，自己若已做到前述幾條，婆媳之間沒有大的衝突，沒有影響自己的婚姻，那麼，這種婆媳關係就算不錯了，值得恭喜了。

4．勸丈夫「娶了媳婦莫忘娘」

成家立室之後的男人，心理上已不再依賴父母，脫離了原來的家，建立起自己的新家庭。感情上，父母是親人而不是家人，隨著離開越久，關係越疏遠，逐漸連探視父母的念頭都不會有，並總是找藉口推卸責任。儘管丈夫不回老家探視老人，責任不一定在做妻子的一方。但丈夫的父母親，在罵兒子娶了媳婦忘了娘時，一定會認為是做媳婦的不是。因此，逢年過節，要是丈夫不想回老家，一定要逼丈夫回去一趟，與父母吃頓飯，消磨一個晚上，以避免無謂的閒言和莫須有的罪名。

5.做點面上功夫

常聽見有的婆婆們相互感歎：兒子娶了媳婦就忘了娘，偏向了妻子一邊。表面上看，這是婆婆數落兒子，其實是責怪媳婦對他們照顧不周，薄待了他們。這是婆媳關係難處的又一深層次的原因。因此，做媳婦的，除了要對婆婆說些順耳話外，還要做些順眼的事，展現對公婆的關心和體貼。比如：在條件允許的情況下，多給些零用錢，多買些老人愛吃的食品；平日裡做一兩道可口的菜先讓公婆吃；公婆身體不好時主動買些藥品、補品；生日時送盒蛋糕；假日陪同看場電影。做這些順眼的事，一方面公婆心理上得到安慰和滿足，另一方面他們也願意讓親友、鄰居看到兒媳的孝順之心，這也是一種心理滿足。

6.千萬別與婆婆撕破面子

婆媳關係與母女關係不同。母女之間是以血緣為紐帶，以母愛為內容的。母女之間鬧得再僵，時過境遷後就會沒事一般，重歸於好，不會留下什麼心理疙瘩。婆媳之間是以感情為紐帶，以互尊為核心的，本質上是一種平等的朋友關係。要是雙方鬧僵了，撕破了臉，互尊關係就不存在，對立情緒很難消除。因此，做媳婦的應顧全大局，寬宏大量，盡量避免火藥味很濃的爭吵，以免撕破了臉，互相難以相處。

7．婆媳分居好處多

婆媳之間發生了矛盾往往很難解決，而且引起矛盾的一些問題沒有一個明確的是非標準，會使丈夫兩頭受氣，難以站在公平的立場上。解決婆媳矛盾的有效辦法是婆媳分開居住。如果能一開始就分居，會大大減少發生矛盾的機會。但這只是一條消極的辦法。住房條件、子女問題、照顧老人的問題等許多因素，使得不少的婆媳不能分居。若不能與婆婆分開住，就應當對婆婆以禮相待，謙讓三分，在互相理解、友愛的基礎上保持距離。

婆媳和睦的祕訣何在

要做好婆媳關係，就必須注意充分利用有利條件，抑制不利條件，趨其利而避其害。具體說來，要做好婆媳關係，應注意以下幾點：

1．互相尊重

婆婆和媳婦都要互相承認對方有獨立的人格，獨立的經濟地位，誰也不要試圖支配誰，誰也不要完全聽命於誰，全家的事情應協商解決。如涉及整個家庭的經濟開支應集體討論；屬於個人範圍的，互相之間不要干涉，決不將自己的意志強加於人。總之，媳婦要多尊重婆婆，多想想婆婆年紀大，管家有經驗；婆婆也要多尊重媳婦，多想想年輕人有年輕人的想法，自己的老舊想法可能不合時宜了。

2．互相諒解

媳婦要多體諒老人，老人的世界觀和處事為人的方式不可能和年輕人完全一樣；婆婆也要多體諒媳婦，過去家庭環境不同，加上生活時代不同，在有些事情上意見相左在所難免。婆婆對待各個子女要一視同仁，但是即使待某個子女稍好一些，媳婦也要體諒「一碗水端平」，難呢！媳婦和丈夫親熱，也要多考慮安慰老人，不要使老人產生一種失落之感，但是即使媳們對丈夫照顧較多、對婆婆照顧不周，婆婆也要這樣想：小夫妻親熱些，是好事。在家事勞動方面，媳婦要照顧婆婆，婆婆老了，自己年輕，多做些家事，當運動又累不壞身子，沒什麼了不起的；做婆婆的則要考慮媳婦工作忙，自己多做些，這樣矛盾就不大了。

3．切忌爭吵

在任何情況下，婆媳都不要「針鋒相對」的爭吵，如果一方發火了，另一方要暫時包容，以後再說。如果一吵，勢必擴大糾紛，而且較難轉彎。吵多了，相互間形成成見，就更不好辦了。平時如果有些意見，千萬不要和鄰居、親友亂講，話傳來傳去，往往沒有糾紛也弄出糾紛來。如果是非要解決的糾紛，也應採取理智的辦法，坐下來開誠布公的談一次，或者由兒子懇切轉達雙方的意見。

4．精神安慰和物質照顧相結合

作為晚輩，媳婦要對婆婆多噓寒問暖。當老人身體不適時要多加照顧，關鍵時刻的照顧會對婆媳關係達到極大的加固作用，而關鍵時刻的疏忽也許會造成難以彌補的裂痕。媳婦在力所能及的情況下，要經常買些老人愛吃的東西給婆婆吃，這不僅是物質照顧問題，更主要的是一種精神上的安慰。婆婆對媳婦也是同樣，媳婦有困難（如分娩等），婆婆要幫助；有時也可以適當買些東西給孫子孫女，但是婆媳無論為對方做了多少好事，都不要放在嘴上講，如對親友、鄰居宣揚：我待她如何如何好呀！更不要在雙方發生矛盾時「算帳」，說自己為對方做了多少好事，對方「沒良心」等等。做了好事不講，在一般情況下人們心裡都是有數的；如果老是講，效果可能適得其反。有的新婚媳婦可能認為，自己的婆婆好像不通人情，對自己的「好心」和所做的好事從來都視若無睹，自己不說，她怎麼知道？別人又從何而知？這種擔心是多餘的，絕大多數人對待別人的關心都很敏感，並長久的默記在心，一有機會就默默的回報別人的關心。但在情勢惡化時，憤怒迷住了雙方的眼睛，都認為對方「沒良心」。矛盾過後，大多數婆婆都會回心轉意，思念起媳婦的諸般好處，會以實際行動回報媳婦的關心和照顧。

5．父子要起緩衝作用

如果婆媳之間產生了矛盾，雙方的丈夫一定要站穩腳跟，慎重對待。最好的辦法是，不管誰是誰非（在家庭中，一般情況下，也沒有大是大非問題），父與子都要保持「中立」，進行調解，等婆媳雙方情緒平息下來以後再說，千萬不要「幫倒忙」。如果婆媳爭吵，公公站出來替婆婆辯護，肯定會擴大矛盾，即便以後婆媳關係能夠得到解決，但翁媳關係卻會出現裂痕。如果兒子公開的袒護媳婦，婆婆會更生氣：「你不要老娘啦！」如果兒子袒護娘，媳婦會認為你們娘兒倆一起來整我，我走！這時兒子比較好的做法是把婆媳雙方勸開，分頭個別安慰，慢慢調解。特別是對母親，由於老年人自尊心強，一定不要傷害她的自尊心，使她感到在媳婦面前「丟了面子」。

總之，婆媳之間容易產生矛盾，但是婆媳關係又完全可以處理得好，關鍵在於雙方共同努力。

以上我們探討了處理家庭關係，特別是夫妻關係和婆媳關係的一些基本原則和技巧，因為各人的具體情況不同，這些原則和技巧有的可能適用於您，有的則可能完全不適用。我們希望新婚朋友們有選擇的應用這些技巧，以改善自己的家庭關係，創造更加幸福美滿的家庭。

如何給自己增添魅力

說到「魅力」，以往人們常常會想到美貌、青春等這些外表印象。而如今，「魅力」的概念早已變得不那麼單一直觀了。魅力不再僅僅針對外在容貌而言，而是更多含有生活態度、處世風格、個性品味等方面的成分。不妨讓我們來看看以下這些從日常生活中總結出來的增添魅力的妙招。

1．神態表情自然而豐富

在人與人的互相溝通中，表情是最有品質的交流，也是心有靈犀的交流。日常神態表情的單調、固定化，易帶給人呆板無趣的感覺。讓表情自然生動的流露出你對生活每時每刻的感受吧，即使你相貌平平，也會由此而顯得感性率真、靈秀可愛，從而充滿吸引力。

2．穿衣採取精簡原則

裡三件外三件式的多重穿衣，令原本苗條俐落的身體徒增許多累贅，而且領端袖口雜色紛呈，降低了形象的品質。盡量減少身上衣服的件數，甚至將羊毛衣、皮裝、風衣等直接貼身穿，才能令身形畢露伶俐秀挺之美，而且肢體也會覺得更收放自如了。當然，這樣的穿法在寒冷季節具有一定的挑戰性。不妨將原來準備買幾件衣服的錢用來購置一至兩款價高但保暖度強的棉心襯衫或羊絨衣，來維持形象的簡潔清朗。

3．清新口氣

即使身上衣冠楚楚，若口帶異味，也會令個人形象大打折扣。口腔中的不良氣味，多是由於菸、酒、蒜、蔥等氣味濃重的食物以及呼吸道、胃腸疾病或口腔疾病所致，解決的辦法是，及時去醫院診療，調整飲食結構，逐步培養良好的口腔衛生習慣。日常生活中，還可以採用以下幾種較簡易的方法去除口臭：在清晨空腹飲一杯淡鹽水；隨身攜帶口腔清新噴霧劑；經常咀嚼無糖口香糖或茶葉。

4．適度保持自我

有時候，過於遷就、盲從大流、無主見的性格反而會遭人反感或讓人忽略，感覺不到你的存在。即使在公眾場合，適度的保持自我也是應該的。不妨想說就說，想笑就笑，想穿牛仔褲就不要難為自己裝扮淑女。但是切忌聲音尖厲、粗俗。也不要走極端，以為與周圍環境反差越大就越能突出自我。要學會做水果拼盤裡的那片鳳梨或檸檬，既獨特，又合群。

5．談吐風趣

風趣的談吐是男性的處世法寶，也是女性的魅力元素。偶爾開一些無傷大雅的小玩笑，或侃些調皮的小笑話或恰到好處的正話反說，以及適當的自嘲一下，令人樂不可支的同時，也使你充滿情趣的形象更深入人心。如果你天生缺乏幽默細胞，那麼也不要緊，多翻翻書特別是多看一些漫畫書，收看電視或電台裡的智力遊戲節目，有意無意的儲備這類知識，詼諧的靈感便會適時的從你的頭腦裡冒出來。

如何塑造高雅的氣質

1．在語言美方面

在與人交談時，說話語氣應始終保持音色柔和，語速適度。

忌突然打斷他人的談話或搶別人的話，擾亂別人的思路。

忌像傾瀉炮彈般的連續發問，讓人覺得你過分熱情和要求太高，以至難於應付。

忌對待他人的提問漫不經心、言談空洞，使人感到你不能為對方的困難助一臂之力。

忌由於自己注意力的分散，迫使別人再次重複談過的話題。忌經常向別人訴苦，但對別人漠不關心。

忌經常嘮叨的談論一些雞毛蒜皮的瑣事，語言單調，喜怒不形於色。

忌反應偏激，語氣浮誇粗俗，滿口粗話。

忌過分強調自我中心，不理會別人的感受和反應。

忌熱衷於取悅別人、曲意奉承，以圖博得別人的好印象。

2．在行為美方面

在公共場所，女性應精神飽滿的與人交往，和藹可親微笑，給人以熱情之感，嫣然一笑會給人以美的享受。站、坐、行是最能展現女性內在修養的外部表現形式。

站著的時候，把身體和重心放在一隻腳上，另一隻腿微曲。

提手提包的時候，將手提包掛置於手腕處，手肘緊靠腰部。

在大街上行走的時候，挺胸抬頭，腿要直，步伐不要太大，且要向內側交叉前進。

拿地上的物品或替孩子穿鞋子的時候，不可把腰彎下而屁股翹得高高的，應把兩膝適度併攏蹲下，才會顯得文雅美觀。

握手的時候，眼睛和善的望著對方的眼睛，身體微微前傾，右手自然的輕握對方的手片刻。如果手上有東西，不要掛在肘彎，而是用左手拿住。

坐下的時候，背部要伸直，且要優美，輕鬆而自然，背輕靠在椅背上。如果坐的是很深的沙發，則盡裡往裡坐，但需以腿能安定（不易搖擺）為原則，雙膝併攏，向左或向右微傾。在公共場所不可隨便把鞋子脫下。

站起來的瞬間，如果是拜訪朋友，在離開的時候，突然像彈簧似的一躍而起，那是很不文雅的。要站起之前，先將右手輕輕的扶住椅把，一隻腳向後收，身體向前微微起立。

無論去哪裡，都以從容自信、直接步入為宜。切忌在門口東張西望，或入室後四處環顧。

女性必須保持姿態的高雅，那種不拘小節的在人們面前抓耳撓腮、捲弄頭髮、撥弄指頭等表示心神不定或者心不在焉的動作，都會使人反感。

怎樣做到談吐不俗

說話的魅力直接影響到說話者是否對對方具有吸引力，關係到雙方是否具有良好的人際關係，同時，還影響到他能否在與別人說話時表現出的自信，能否具有自如說話的勇氣。所以，我們在訓練自己說話的自信心時，要注意增強自己說話的魅力。

組成說話魅力的內容是十分廣泛的。每個人說話的內容，說話時選詞造句與構篇布局的材料、手段，說話的語氣、語調，說話的身姿、手勢、表情等等，都可以折射出他是否具有說話的魅力。

1．說話的風度

說話的風度，是一個人內在氣質的言語表現，是一個人涵養的外化。使自己說話具有風度，是增強自己說話魅力的重要途徑。良好的說話風度，往往具有很大的吸引力。無論是男士說話中那剛毅穩健的氣質，還是女子說話中那風姿綽約的魅力；不論是外交官那彬彬彬有禮的談吐，還是政治家那穩重雄健的言論，都會令人仰慕不已，傾心無比。風度是外在語言和內在氣質的恰當配合。

2．說話風度是一種品格和教養的展現

如果一個人沒有高尚的道德情操，沒有一定的文化修養，沒有優雅的個性情趣，其說話必然是粗俗鄙陋，瑣穢不雅。

3．說話風度是一種性格特徵的表現

比如性格溫柔寬容、沉靜多思的人，往往寥寥無幾的輕聲細語就能包含濃烈的感情成分；而粗獷豪放、性情耿直者，則說話開門見山，直來直去。

4．說話風度是一種涵養的表現

這主要表現在處理人際關係時，不卑不亢，雍容大度。

5．說話風度是人的綜合素養的表現

說話是選詞造句、語氣腔調、手勢表情等等的綜合表現。

說話的風度是多種多樣、豐富多彩的。洋洋灑灑、侃侃而談是風度；隻言片語、適時而發也是風度；談笑風生、神采飛揚是風度；溫文爾雅、深藏不露也是風度；解疑答難、沉吟再三是風度；慷慨陳詞、英風豪氣也是風度。

每個人在培養自己的說話風度時，應根據自己的性格特徵、情趣愛好、思維能力、知識結構等，有所選擇。另外，同樣一個人，在不同的場合、不同的環境下，其說話的風度也是有所不同的。比如教師在課堂上講課與在家裡跟家人閒聊時，則表現為兩種相差甚遠的風度。

說話的風度是人的一種自然特色，是與時代相吻合的。不是脫離時代追求風度，不是脫離自己的個性、身分去講究風度。任何東施效顰、搔首弄姿、沒有個性的說話，都毫無風度可言。

我們說話的目的，是為了把自己的意思告訴他人，讓他人明白、了解、信服或同情我們。如果說了話，別人沒什麼反應，不信服或產生反感，這就沒有意義了，說了還不如不說。那麼，怎樣才能鍛鍊出一種說一句是一句的理想口才呢？這就要求說話者既要了解自己又要了解對方，力爭培養出一種相互了解與同情的氣氛。

也許，人人都懂得對方無論講什麼都無關緊要，最重要是他的態度。如果態度好，大家都願意跟他談，即使他不同意我們的意見，不滿意我們的行為，我們也仍然願意跟他談。如果態度不好，就是再好的話題也無法順利進行下去。

那麼，究竟什麼才是良好的態度呢？就是對人要有正確的了解和充分的同情。此兩點是良好態度的基本內容。然而，如何把我們對人的了解與同情讓對方感覺到呢？態度良好的重要表現正展現於此。如果我們不注意這種表現，那麼，即使我們是很有同情心的人，若不能讓人感覺到這一點，那也可能會被他人認為冷漠、驕傲、自私。

這正如我們很喜歡和關心自己的朋友，而朋友卻全然不知，結果會受到朋友的誤解和埋怨一樣。這是一種很普遍的社會現象，而且很使人痛心。因此，我們要注意一下在別人的心目中的我們究竟是什麼樣子，而且要設法了解在別人的心目中希望我們是什麼樣子，喜歡我們是什麼樣子。

別人希望我們有什麼具體的表現呢？

別人希望我們對他的態度是友好的，希望我們願意和他做朋友；別人希望我們能體諒他的困難，原諒他的過失；別人還希望我們能關心他們、幫助他們、思考他們的問題，並對他們提供有用的建議，與他們成為友好的、忠實的、熱心的朋友。

別人希望我們對他本人、對他所做和講的事情均感興趣。每個人都有此希望，包括我們對別人也是如此。因而，我們最好能做一個對什麼都感興趣的人。本來，我們的興趣也跟一般人一樣，常常容易被有興趣的人物、有興趣的談話所吸引，而卻忽略不太吸引人的人物；如果我們是同情心很強的人，就不該如此，而應該學會使我們能顧及全體，並且特別照顧那些不被人注意的人。當我們談話時，我們要把在場的每一個人都看到。我們的眼睛，要隨時在每一個人的臉上停留片刻，對於那些沒有講什麼話的人；和那些看似不太自在的人，特別要注意，要設法找些話題跟他們交談，以便消除他的緊張和不安的心理因素。

總而言之，別人希望我們對他講的東西都感興趣，並希望我們的態度是友善、良好的。從人微言輕到一個成功的說話者，我們要力爭做到如此。說話時給人良好的態度，是展現你說話魅力的保證。

婆媳裂痕和解

一個家庭裡，夫妻感情甚篤，但妻子與母親的關係卻總不融洽，常常出現婆媳爭吵的現象。

當然，現在許多家庭的婆媳關係差的原因很多，既有婆婆的原因，也有媳婦的原因，還有其他家庭成員的原因，夫妻間要根據具體情況積極想辦法把婆媳關係做好。

首先要尊敬老人。孝順父母是我們的好傳統，年輕的夫妻應該發揚這個傳統。在家庭裡，兒子婚後對父母仍應像婚前那樣尊敬、孝順、關心，不能「娶了媳婦忘了娘」。做媳婦的也要和丈夫一樣尊敬、體貼公婆，要把公婆看作是自己的親生父母。當婆婆的要愛護兒子、兒媳，把兒媳看作是自己的親生女兒。婆媳之間如能相互看作是親生的母女，感情上就會水乳交融、親密無間。

婚後和父母分開居住的年輕夫妻，應該經常到父母家探望，幫助年老父母做些家事。

每月及時送去贍養費，關心老人的生活、身體情況。父母生日、節假日都應全家歡聚一堂，不能把父母忘了，小倆口自己去另尋歡樂。

有些婦女年輕時離婚或守寡，含辛茹苦養大了兒子，感情全部寄託在兒子身上，從心理學分析，這種婦女最受不了兒子把愛轉到兒媳身上，而把自己冷落在一邊。婆媳關係不好，往往是婆婆總覺得是兒媳婦奪走了自己的兒子，感情難以承受。當兒子和兒媳的，要理解老人的這種心態，千萬不能在她面前表現過分的親昵。

婆媳之間由於年齡的差距，可能在生活習慣、愛好方面有許多不同。婆婆不要倚老賣老，總挑兒媳的毛病。兒媳婦也不要看不慣婆婆，對婆婆的嘮叨，要善於包容，家事勞動兒媳應主動多做一些。兒子要在母親和自己妻子之間做好調諧工作，不能因為夫妻感情好就責備母親，也不要為了討好母親而無理責備妻子。上了年紀的人容易固執己見，非原則性的生活瑣事，年輕的夫妻遷就一下老人，也是合乎情理的。

婆媳之間要經常談談心，說說家常，不要回到家裡應酬幾句就各回自己房裡。時間長了，互相不說說知心話，婆媳間就會感情冷感，心結疙瘩。如果婆婆已經退休，做兒媳的更應常和婆婆聊天，說些外界新鮮事，讓老人消除孤獨感。

人口眾多的家庭，叔嫂關係、妯娌關係、姑嫂關係都影響婆媳關係。當丈夫的應該幫助妻子做好叔嫂、妯娌、姑嫂這幾種關係，使婆媳和睦。背地議論別的家庭成員也是造成家庭不和、婆媳不和的一種原因。夫妻之間要互相勸勉，千萬不要養成背後議論人的習慣。對家裡人有什麼意見，可開家庭會議，擺在桌面上以骨肉親情來消除矛盾。各種關係都搞得很好，婆婆愛護兒媳，兒媳尊敬婆婆，婆媳關係自然也就好了。

怎樣面對家事

家庭是一個微型的社會單元，在這個有限的生活空間，包括家庭成員的日常需求、物品管理，有許多繁瑣的家事要做。對於家事要心中有數，使之有序化，才能雜而不亂。具體的說，主要應注意以下幾點：

（1）**家事要有計畫性**。所謂計畫性是指把家事進行分類，分出輕重緩急，然後實行系統化管理。這樣，對於每天要辦的家事和可以緩辦的，每個月應該辦的，以及更長一段時間應該辦的就會一目了然。如每天要辦的包括準備一日三餐或兩餐、飯後洗刷餐具、室內整理和清掃；可以緩辦的包括洗衣、花卉蒔養、寵物管理等，每個月應辦的事，包括去繳電話費、瓦斯費、電費和購物等，能夠有條不紊的把每一件事辦好。

（2）**進行合理分工**。家事繁瑣龐雜，不可能讓某一個家庭成員完全包攬，應進行合理分工，做到每個家庭成員都承擔一定的家事。特別是夫妻之間，更應該互諒互讓。可根據自身的特點經過協商做出分工。如丈夫可負責日常物品的購買和家事中的一些粗工作，妻子應負責飲食和其他。孩子也要安排一些力所能及的家事，以培養自幼熱愛勞動的習慣。當然，分工不是絕對化的，其中也有合作，如購置大型家庭用品、進行房間佈置大變動、進行房間大清掃等家事，就要合作去做。

（3）**家庭陳設、吃飯、穿衣力求簡潔**。家事沒有底線，做得十全十美必須付出精力，然而現代快節奏的生活，不允許人們慢條斯理的從事各種活動，而簡潔能夠減少許多家事付出。同時，可添置一些必要的家用電器，如廚房中的洗碗機等，把人從家事中解放出來。

當發生經濟矛盾時，雙方應頭腦冷靜下來，心平氣和的交換意見，不要糾纏細枝末節，以便把糾紛揭開，消除彼此間的誤會。夫妻雙方應本著消除矛盾的誠意，亮出自己的看法、意見和要求，請對方認真考慮。不要互相把氣憋在心裡，又都不肯交談，矛盾就會不斷惡化，增加了解決問題的難度。

交換意見提出糾紛之後，雙方應共同協商，以求取得基本一致的意見。在協商過程中，要互諒互讓，各自充分尊重對方的意見，不要獨斷專行，把自己的意志強加於人。如果自己在家庭經濟上有不妥之處，應向對方表示歉意，爭取得到諒解。

經濟矛盾是家庭生活中的主要矛盾之一，在各種家事中，經濟問題引起的矛盾如果處理不當，可能造成夫妻之間反目、感情惡化甚至離異。

怎樣處理家庭經濟矛盾

解決家庭經濟矛盾時，應就事論事，不可將矛盾擴大化，更不能主觀臆斷，胡亂猜疑，丈夫懷疑妻子有外心，妻子懷疑丈夫有「第三者」，這樣，不僅會把簡單的問題複雜化，還會「節外生枝」，把經濟矛盾變成感情衝突，出現婚姻和家庭危機，把事情搞得一塌糊塗。

嚴於律己，在家庭經濟問題上互相商量、經常溝通，可以有效的避免經濟矛盾的產生。家中購置大件物品，丈夫在外招待朋友，妻子購買貴重的衣服，都應共同商量或向對方打個招呼，取得對方認可。

還應提及的是，家庭一旦出現了經濟矛盾，不要在感情衝動之際向外宣傳，應作為家庭隱私對待。如果向鄰里、同事講了，他們絕不會幫助你把事情處理好，有的還可能藉機搬弄是非，把事情弄得不可收拾，生活中類似的教訓已經不少。

怎樣進行家事勞動的協調

在各種家事中，家事勞動占有很大的比例，按照公平合理的原則，不可能讓一個人承擔，應該夫妻分工協作，這就需要協調。協調是人們處理問題不可缺少的方式，夫妻也不例外。有的人認為，都是自家人，什麼事情都好說，因而，作為協調的這種有效手段常被忽視。有些家庭就是因為家事中的矛盾，造成夫妻反目。究其原因就是缺少協調。沒有協調，就沒有溝通，矛盾從芝麻大的小事開始，由於得不到疏通，越累積越大，最後達到不可收拾的地步。因此，夫妻間需要協調，在家事勞動中更需要協調。

在農村，作為家事勞動的協調人，必須是一個有權威的主事者。如果有一位嚴格、細心、說話有號召力的家長當然最好，假如長者年事已高，無法繼續「主持」家庭，應該在晚輩中推舉一個有威信的人來主管家事。在協調過程中，要出以公心，平等待人、以身作則、注意團結。所有的家庭成員都應該維護這個「家事主管」，聽從調遣，共同下好家事勞動「這盤棋」。

特別是農村，在家事勞動的協調過程中，應該透過民主協商的方式，進行明確分工。根據家庭每個成員的身體、特長和能力等條件，對家事勞動實行分工責任制，進行目標管理。主管應經常檢查每個家庭成員對於目標責任的落實情況，並可適度的進行獎罰。如果只是夫妻二人，也應根據每人的特點和強項分工協作。

家事勞動的協調，既需要分工又需要溝通。溝通包括主管同每個家庭成員的溝通以及家庭成員之間的溝通。幾口人的家庭，這種溝通是很容易的。這樣，就會避免出現諸如買菜，你以為我沒買菜，我以為你沒買菜，結果買回來兩份，幾天都吃不完，增加了管理中的麻煩。

丈夫不管家事怎麼辦

夫妻是家庭的主體，承擔著同等的責任。面對家事誰也不能迴避。作為丈夫，應主動承擔家事中的繁難角色。有的家庭當丈夫的不管家事，做妻子的應具體分析、找出原因，幫助丈夫改變錯誤的態度。

常見的有以下幾方面原因：

大男子主義思想作怪。認為男人做家事，有損「大丈夫」的形象，擔心別人說「怕老婆」。

針對這種情況，當妻子的應耐心的開導丈夫，自覺的消除這種陳腐思想和顧慮，主動承擔起丈夫的責任和義務，真正展現出夫妻之間的平等和關愛。

性情懶散，一心貪玩。當妻子的應當向丈夫明確指出，如果相互之間真的誠心相愛，就應該體貼、心疼妻子，盡量幫助分擔家事，特別是一些強度大的體力勞動。而且懶散貪玩是一個人不成熟的表現，會影響自己的工作、學習和進步，會對將來個人的發展造成負面影響。尤其是在人才競爭十分激烈的今天，更應該有危機感。

透過交流思想，使他認識到懶散貪玩是一個大毛病。與此同時，妻子應同丈夫透過協商進行家事分工，讓丈夫背上家事中的「硬指標」。經過一段時間「扭轉」，丈夫就會養成自覺承擔家事勞動的習慣。

一心撲在工作上，無暇顧及家庭。對待這種事業型的丈夫，妻子應滿腔熱情的給予支持，不必同丈夫認真計較誰做得多，誰做得少，應盡量承擔各種家事。

當然，作丈夫的也應該有情有義，對妻子為支持自己的工作所作出的犧牲應表示感激，並應盡可能擠出一些時間為妻子分擔一部分家事勞動，使妻子的心理得到平衡。

認為家事簡單，有一個人管就行。有些新婚不久的丈夫，由於對家事還很生疏，總體上也不知情，天真的認為家事沒什麼大事，就索性全部推給了妻子。

此時，妻子應當委婉的向他介紹家事的細節，改變他的片面認識，他會很爽快的答應同妻子一起擔負起各種家事。

面對丈夫不管家事，當妻子的不宜滿腹牢騷，更不能發火，跟丈夫進行爭吵。這樣做不僅不會幫助丈夫轉變錯誤的思想和認識，反會使他產生反向心理，相互間出現僵持狀態，發展下去，會使夫妻感情冷淡，甚至出現裂痕。

因此，要注意「對症下藥」，從正面做工作，動之以情、曉之以理，丈夫就會被感化，並會轉變過去錯誤的態度，夫妻齊心協力共同去撐起家庭生活的藍天。

家事面面觀

夫妻建立了家庭，就承擔著家庭的責任，夫妻之間共同對家庭負責，安排好家事也是夫妻對家庭負責任的具體行動。

家事是比較瑣碎、繁雜的，而且天天都要做，比如採購食品，洗菜做飯，擦洗碗筷，清潔打掃，洗滌衣物，整理房間，這些家庭日常生活中的雜事，如果沒有人做，家庭就會亂糟糟的，日子也就過不好。夫妻要互愛、互助，共同安排好家事勞動。

1．培養做家事的樂趣

家事顯得單調，天天都做同一種工作，又不能創造價值，很多人都會感到枯燥乏味。夫婦雙方如果能把每天做家事當成是家庭日常生活中的一種樂趣，就會消除單調、重複、繁瑣、乏味的感覺，有時還可能互相爭著做某一項家事。比如：夫婦倆每人管一天的飯，負責一個星期的清掃、擺設等，要求做的飯菜要講究營養、烹調技藝，房間清掃擺設要從環境美化進行評價，雙方一定會很有興趣去做好。雙方都會認為做好分工負責的家事，是向心愛的人獻手藝，為自己的伴侶創造優美家庭環境，是一件值得花力氣的樂事。

雙方還可以在如何做好家事方面討論、切磋、互相學習，增加一些家政知識。

2.合理分工，互相幫助

家事是每個家庭成員都要承擔的義務和責任。只有夫婦的新婚家庭，家事就由夫妻倆共同承擔。人口眾多的家庭，除了老人和小孩外，都要承擔一部分家事。新婚夫婦白天上班各有自己的工作，家事不能只由一人來做。

那種「洗衣做飯是家庭主婦的事」的大男子主義，在有些丈夫的腦子裡還殘存著，一回家就當「老爺」，讓妻子侍候，什麼工作也不做，這是造成夫妻吵架的原因之一。有些妻子嫌丈夫笨手笨腳、不會工作，不願讓丈夫動手，那是另一回事。一般應該合理的進行安排，分工合作。有些人因為職業需要，在家時間可能少些。另一方就應加以體諒，盡可能多做一些家事，讓對方能安心做好工作。事業上互相支持，生活上互相照顧，能加深夫妻感情，使家庭和睦。因此，夫妻雙方都要主動多做一些家事，把多做家事看作是向對方表達愛的一種方式，自己多做一點、辛苦一點，對方能多休息一會，多看一些書，多做一點工作。彼此都帶著這種濃厚的感情來對待家事勞動，覺得自己是為對方服務，心情舒暢，做得雖多也不覺得累了。

3.家事引入管理學

家事要花去很多業餘時間，這對於一個雙薪的家庭來說，負擔無疑是比較重的。因此應該根據家庭經濟情況和生活規律，統籌規劃。比如：家用電器設備方面優先購買洗衣機、吸塵器、電熱水器、微波爐等。有了這些家用電器，清洗衣物、清潔打掃、烹飪等就可以省下不少時間，還可以減輕一些勞動困難度，減少勞累。夫妻上班誰先走、誰後走，下班到家時間誰先誰後，應該參考這種生活規律安排好家事，使先離家、後離家和先回家、後回家的人都有時間做好應負責的家事。有些家事還可以交叉進行、互相合作。

「民以食為天」，煮飯弄菜是家庭生活中的一個重要項目。夫婦倆可以根據雙方的口味，事先訂出一個短時間的家庭食譜，比如：一週菜譜，按照菜譜事先購買一些可以儲存一週的飯菜原料，放在冰箱裡，每天吃什麼心中有數，回家路上分工順便買一些新鮮蔬菜，回家就可按菜譜動手做，不必回到家後，再商量吃什麼、買什麼，時間就節省多了。

家庭生活很有規律，家事的安排也很有學問。

家庭應要計畫經濟

一個家庭不論人口多少，每天都要花錢，以滿足正常的物質需要。要有一個安定的家庭，必須要有穩定的經濟，因此，很多家庭都有自己的經濟計畫。

制訂家庭經濟計畫應該量入而出，有合理及富彈性的經濟預算計畫。也就是說要根據收入多少算出需要支出的專案，盡量使收入和支出大體平衡，而且略有盈餘。不可不考慮家庭的收入情況就亂花錢，或者先花錢然後再算帳，這樣往往容易出現月初富、月底窮的困窘局面，或者出現「先花未來錢」的透支情況，甚至不得不借貸度日。這對於家庭的穩定是很不利的。

制訂家庭經濟計畫時，夫妻要共同商定，雙方都要堅持勤儉持家的原則，可不花的錢盡量不花，能省的就省，不要隨便和親友、鄰居比較。對於新婚夫婦來說，養成勤儉節約的好品德十分重要，俗話說「勤儉持家家常樂」，這是有一定道理的。

一般來說，家庭經濟支出大體上包括四個方面：一是固定支出；二是雖屬必需但可多可少的支出；三是備用的應付臨時支出的費用；四是儲蓄。

固定支出包括每月的房租、水電費、瓦斯費、交通費、理髮費、電話費、衛生用品費、托兒費、孝親費、伙食費、網路費等。剛結婚的夫婦可能還沒有孩子，不需要列出托兒費。

供養父母費各家情況不同，可根據收入情況酌量計畫，以保證滿足營養需要為原則，一般以力所能及的生活水準為宜。制訂計畫時，這些都是必須支出的項目，應首先列出。必需而又可多可少的支出，是指除了固定支出以外的其他日常生活需要的支出，如添置衣服、被褥、鞋、襪費用，購買家具、家用電器設備費，訂購書報費，娛樂活動費，生活雜費等。這些支出都是家庭生活所必需的，但可以根據家庭收入做靈活計畫，不必每月都要花相同數目的錢，特別是大件、貴重物品，可用每月儲蓄的辦法，存夠一定的數目再買。

備用應付臨時支出的費用，如：家庭突然來客的招待費，臨時需要饋贈親友的禮品費，臨時急需購買物品的支出等。

家庭應該注意儲蓄，最好是每月都向銀行存入一定數目的錢，年底就有一筆可觀的積蓄，家底厚了，需要添置大件物品也就無須煩惱了。除了定額儲蓄外，夫妻倆的每月零用錢用不完的或節約下來的也可辦定期或零存整付儲蓄。總之，制訂家庭經濟計畫時，不可有多少花多少，一定要留出少量的錢存起來。

每月初，夫妻倆領到薪資後，即應根據上述四方面的開支，共同協商，將一項項列出，然後將收入的錢按開支項目一項項留出，不要隨便挪用，到月底再結一次帳，同時制訂下一個月的開支計畫。

男方入贅女家

從久遠的古代開始，人類社會的大多數民族就都以父方為主組織家庭，也就是父系家庭。多少年來，男女婚配都是以男方將女方娶到家裡的形式進行的。俗話說「男娶女嫁」、「男大當婚，女大當嫁」就是這種婚配形式的寫照。也就是說，男子長大了，到了一定的年齡就要結婚，把妻子娶到家裡來；女子長大了，到了一定年齡就要結婚嫁出去，嫁到丈夫家裡去。

過去，男女結婚後，也有男方到女方家裡的，叫作「入贅」，俗話叫作「招郎入舍」。有些地方提倡男方到女方家裡，對當前實行計畫生育還有積極的意義。很多人都有「養兒防老」的觀念，認為女兒長大後要嫁出去，家裡也就後繼無人了。如果男方可以到女方家裡，就可以解決這種有女無兒家庭的實際困難。人們也不必害怕只生女兒，不生兒子，認識到生男生女一個樣，就可以按計畫生育的要求，做到少生、優生。

男女登記結婚後是男方到女方家裡成為女方家裡的成員，還是女方到男方家裡成為男方家裡的成員，或者是男女雙方各自離開原來的家另建新的家庭，要由男女雙方根據實際情況共同約定，其他人無權強迫和干涉。

有些實際情況，使男方到女方家裡生活，比如：男女結婚要有居所，男方家裡住房擁擠，騰不出空房來，而女方家裡可以騰出房間，又比如說，男方家裡兄弟二人，父母身體健康，仍在工作；女方是獨生女，家裡父母年邁多病。從贍養老人的義務考慮，男方也應該到女方家裡去。因此，認為結婚後，男方到女方家裡成為女方家庭的成員是無能，其實是錯誤的封建觀念。

既然承認男女平等，那麼，結婚後，女方可以成為男方家裡的成員，男方也可以成為女方家裡的成員。不論誰到誰家，男女雙方都有使用自己姓名的權利，所生的子女，既可隨父姓，也可以隨母姓。夫妻之間的權利與義務是一樣的，誰都不應受到歧視。

如果女方家裡有困難，需要男方到女方家裡居住，為了怕別人說自己無能，寧可不結婚也不肯去，那才是真正的愚蠢和無能。既然已和女方建立深厚的感情，互相愛慕，就應該挺起胸膛，不怕風言風語，勇敢到女方家裡去。

電子書購買

國家圖書館出版品預行編目資料

結婚沒有保證書：甜蜜沒有保存期限，讓夫妻愛情不變質的幸福私語 / 謝蘭舟，李喜軍編著 . -- 第一版 . -- 臺北市：崧燁文化事業有限公司，2021.07

面；　公分

POD 版

ISBN 978-986-516-679-3(平裝)

1. 婚姻 2. 兩性關係

544.3　　110008381

結婚沒有保證書：甜蜜沒有保存期限，讓夫妻愛情不變質的幸福私語

臉書

編　　著：謝蘭舟、李喜軍

發 行 人：黃振庭

出 版 者：崧燁文化事業有限公司

發 行 者：崧燁文化事業有限公司

E-mail：sonbookservice@gmail.com

粉 絲 頁：https://www.facebook.com/sonbookss/

網　　址：https://sonbook.net/

地　　址：台北市中正區重慶南路一段六十一號八樓 815 室

Rm. 815, 8F., No.61, Sec. 1, Chongqing S. Rd., Zhongzheng Dist., Taipei City 100, Taiwan (R.O.C)

電　　話：(02)2370-3310　　　傳　　真：(02) 2388-1990

印　　刷：京峯彩色印刷有限公司（京峰數位）

定　　價：330 元

發行日期：2021 年 07 月第一版

◎本書以 POD 印製